KB097907

제자백가,
인생 불변의 지혜

제자백가,
인생 불변의 지혜

옥현주 지음

공자 · 맹자 · 순자 · 묵자 · 노자 · 장자 · 한비자

SINCE 2014

우는
책주

제자백가 축의 시대 주요 연표

중국		한국	그리스		이스라엘	인도
기원전 771년경 춘추 시대	노자	기원전 500년경 부여 건국	기원전 800년경 폴리스 시대	탈레스	기원전 739년경 이사야 등장	기원전 599년경 자이나교 성립
				피타고라스		
	공자			헤라클레이토스	기원전 650년경 예레미야 등장	
				프로타고라스	기원전 586년경 예루살렘 함락	기원전 563년경 불교 성립
	묵자			소크라테스		
				플라톤		
				아리스토텔레스		
기원전 403년경 전국 시대	맹자	기원전 300년경 연의 고조선 침입기	기원전 334년경 헬레니즘 시대	에피쿠로스 학파	기원전 332년 알렉산더 대왕 이스라엘 정복	기원전 304년경 아쇼카왕 불교 전파
	장자					
	순자					
	한비자			스토아 학파		
기원전 221년경 진나라						

· **축의 시대**
기원전 900년경부터 기원전 200년경 사이 인류의 미래에 영향을 끼친 핵심 사상가들이 등장한 시기

내 인생의 나침반이 되어 줄 2,500년의 지혜

"약한 것이 강한 것을 이기고, 부드러운 것이 단단한 것을 이긴다."

위 구절은 《노자(老子)》 78장에 나오는 말입니다. 30대에 접어들며 우연히 《노자》를 읽은 뒤 제 첫 감상은 '동양철학이 이렇게 매력있었나?'였습니다. 이때 제 인생은 완전히 바뀌게 됩니다.

사실 20대 시절에는 막연히 동양철학을 고리타분하고 현실성이 떨어진다고 생각했습니다. 철학보다 사회의 모순과 부조리를 어떻게 해결해야 하는가에 더 관심이 많았던 시기였기에, 동양의 고전은 저와는 거리가 먼 것처럼만 느껴졌지요. 지금 돌이켜서 생각해 보면, 그 당시에 《노자》가 유난히 마음에 와 닿은 이유가 있었습니다. 그것은 여성성과 모성을 강조하는 노자의 철학이 당시 어머니가 된 나의 상황과 맞아떨어졌기 때문입니다. 노자의 이 말은 제게 단순한 교훈을 넘어 삶의 지혜를 전하고 있었습니다.

그 이후 동양철학에 대한 새로운 시각을 갖게 되었고, 마흔 넘어 대학원에서 동양철학을 전공하게 되었습니다. 동양철학은 한마디로 지혜의 보고였습니다. 어느 날은 《논어(論語)》에서 학문하는 자세를 배우고, 어느 날은 《맹자(孟子)》에서 자기수양의 방법을 배웠습니다. 그리고 어느 날은 《장자(莊子)》의 우화에서 통쾌한 해학과 풍자를 만났습니다.

《논어》에 나오는 공자(孔子)와 제자들 간의 대화는 재미있습니다. 공자는 제자의 엉뚱한 질문에 언제나 현명한 가르침을 주었는데, 특히 똑같은 질문에 대해서 제자마다 다른 답을 해 주는 점이 인상적이었습니다. 또한, 제자가 물러난 뒤 제자의 뒷담화를 하는 공자의 인간적인 모습을 보며 미소짓기도 했습니다.

어떤 날은 맹자의 '동심인성(動心忍性)'이나 '호연지기(浩然之氣)'를 들으며 마음이 울컥하기도 했고, 성악설(性惡說)로만 알고 있던 순자(荀子)의 출중한 학문과 식견에 감탄하기도 했습니다. 하층계급이나 소외된 계층의 입장을 대변하는 묵자(墨子)의 사상과 실천하는 삶을 보면서 저절로 존경하는 마음이 일기도 했습니다. 어떤 날은 장자의 대범하고 자유로우면서도 날카로운 비판과 재미가 깃든 우화에 감탄하며 글을 읽었습니다. 또한, 동문수학한 이사에 의해 죽임을 당한 한비자(韓非子)의 마지막을 보면서 안타까워하기도 했습니다.

평생 처음으로 재미를 느끼며 자발적으로 공부했습니다. 동양철학을 공부하는 과정에서 생각하는 힘을 기르고 자신을 돌아보는 기회를 가지게 되었습니다. 그 과정에서 주변의 견해나 시선에 흔들리지 않는 단단해진 자신을 발견하게 되었습니다. 철학을 통해 주어진 인생을 살아갈 힘을 천천히 키우고 있었습니다.

혼란 속에서
꽃 피운 철학

이천오백 년 전 사상가들의 이야기가 여전히 현대인에게 사랑받는 이유는 무엇일까요? 하나의 사상이 탄생하려면 그 사상이 생겨날 만한 필연적인 원인이 있습니다. 그 사상이 나온 시대적 배경을 파악하면 그 사상을 보다 쉽게 이해할 수 있게 됩니다.

제자백가의 철학은 춘추전국시대라는 극도의 혼란기 속에서 탄생한 사상입니다. 이 책에 등장하는 사상가들은 누구보다 치열한 삶을 살았던 이들로, 난세를 극복하기 위해 치열하게 고민했고 자신이 얻은 지혜를 세상에 남겼습니다. 그들의 사상은 오랜 세월이 흘렀음에도 여전히 생명력을 지니고 있어 현대인들에게도 강한 울림을 주고 있습니다.

칼 야스퍼스(Karl Jaspers)의 '축의 시대(Axial Age)'라는 말은 《역사의 기원과 목표》에서 처음 등장하는데, 인류의 지성사에 획기적인 유산이 발흥한 시기를 말합니다. 이 시기는 기원전 900년부터 기원전 200년 사이인데, 이 시기를 위대한 시기라고 말하는 이유는 지구의 여러 곳에서 동시에 인류의 미래에 영향을 끼치는 핵심적인 사상가들이 등장했기 때문입니다.

이 책에서 만나게 되는 철학자 공자, 맹자, 순자, 묵자, 노자, 장자, 한비자는 야스퍼스가 말한 축의 시대에 태어나서 활동했습니다. 같은 시기에 인도에서는 힌두교 사상의 토대를 이루는 문헌으로써 《우파니샤드》가 조성되었으며, 고타마 싯다르타가 등장해 불교가 성립합니다. 이스라엘에서는 구약을 기록했던 아모스, 이사야, 예레미야가 활동했고, 그리스에서는 소크라테스, 플라톤, 아리스토텔레스 등을 비롯한 많은 철학자가 등장했습니다. 인류정신사의 혁명적 전환의 시기가 열렸던 것입니다.

축의 시대에 등장하는 중국, 인도, 이스라엘, 그리스는 서로 교류가 없었는데도 비슷한 시기에 놀라운 사유의 혁명을 일으켰습니다. 시기는 조금씩 차이가 있지만, 당시 네 지역은 공통적으로 급격한 도시화와 인구증가, 전쟁과 폭력으로 인한 정치적 혼란으로 도덕성이 매우 피폐한 상황이었다고 합니다.

공자, 맹자, 순자, 묵자, 노자, 장자, 한비자가 활동했던 춘추전국시대는 천자를 중심으로 한 사회질서가 무너지면서 제후국들이 패권을 다투던 약육강식의 시기였습니다. 이 혼란을 극복하기 위해서 많은 사상가와 학파들이 새로운 질서와 대안을 모색합니다. 이들을 '제자백가(諸子百家)'라고 하는데, 제자백가란 '여러 선생들이 온갖 학파를 이루었다'라는 뜻입니다. 각 학파마다 현실에 대한 이해가 달랐기 때문에 저마다 다른 대안을 제시한 것이 이른바 '백가쟁명(百家爭鳴)'입니다. 그야말로 중국문화의 황금기입니다. 중국과 동아시아 사회 전반에 큰 영향을 끼치게 되는 유가, 묵가, 도가, 법가 등의 학파가 바로 이 시기에 나옵니다.

일상에서 철학적인 통찰을
발견하는 여정

이 책은 제자백가의 사상을 통해 일상적인 경험을 돌아보고 그속에서 철학적 통찰을 발견하는 여정을 제안합니다. 이 책은 총 일곱 개 장으로, 각 장에는 제자백가의 주요 사상가인 공자, 맹자, 순자, 묵자, 노자, 장자, 한비자의 순서로 배치되었습니다.

각 장은 다섯 개의 소제목으로 이루어지며 각 사상가들의 주요 이론을 소개하고, 그 사상이 어떻게 우리의 일상에 스며들어 있는지를 다양하게 풀어낼 것입니다. 그리고 그들의 삶의 지혜를 오늘날 어떻게 적용할 것인지 살펴보겠습니다.

1장에 나오는 공자는 유가학파의 개조(開祖)로서 춘추시대의 정치가이자 사상가이며 교육자입니다. 이 장에는 공자의 천인관계, 학문의 자세, 사명과 운명, 살신성인, 제사의 태도에 대해 이야기합니다.

　2장에 나오는 맹자는 공자의 사상을 이어서 발전시킨 전국시대의 유학자이자 정치가이며, 이상주의자라는 평가를 받는 사상가입니다. 이 장에는 맹자의 왕도정치, 사생취의, 성선설, 수양론, 우환의식을 이야기합니다.

　3장에 나오는 순자는 전국시대 후기의 유학자로서 공자의 사상을 계승했으며, 맹자보다 현실적인 사상가입니다. 이 장에는 성악설, 화성기위, 비판적 사고, 예론, 상례와 제례를 이야기합니다.

　4장에 나오는 묵자는 묵가학파의 개조로서 하층계급의 입장을 대변한 사상가이자 실천가입니다. 이 장에는 겸애교리, 명정론 비판, 삼표법, 후장구상 비판, 묵가의 실천력을 이야기합니다.

　5장에 나오는 노자는 도가학파의 개조로서 춘추시대 초나라의 철학자입니다. 이 장에는 무위자연, 도와 덕, 유약과 건강, 섭생의 원칙, 양생법을 이야기합니다.

　6장에 나오는 장자는 노자의 사상을 계승한 도가학파의 대표적인 사상가로서 전국시대에 활동했습니다. 이 장에는 가치판단, 무용지용, 상대주의, 기화 사상, 물화 사상을 이야기합니다.

　7장에 나오는 한비자는 순자의 제자이며 법가 사상을 집대성한 사상가입니다. 이 장에는 수주대토, 법·술·세의 통합, 조짐, 유세의 어려움, 모순을 이야기합니다.

　제자백가서는 고전입니다. 고전이 지금과는 다른 시공간에서 만들어졌는데도 이처럼 현대인에게 가르침과 감동을 주면서 오랫동안 사랑받는 이유는 인간의 보편적인 문제를 다루고 있기 때문입니다. 여기에는 사람의 생사 문제에서부터 사람과 자연의 관계, 사람의 도리, 정치, 사람 간의 사랑, 백성이 먹고 사는 문제, 배움과 수양의 문제, 운명론 등이 망라되어 있습니다. 그렇기 때문에 이천오백 년이 지난 오늘에도 제자백가의 철학이 내 삶의 다양한 문제를 해결할 통찰과 지혜를 제공하는 것입니다.

　철학은 결코 먼 곳에 있는 것이 아닙니다. 그것은 우리 곁에, 우리의 삶 속에 존재합니다. 이제 그 문을 열고 함께 탐구해 보도록 합시다. 독자 여러분이 이 여정을 함께하면서 고대의 지혜가 현대의 삶에 어떻게 연결되는지 발견하기를 바랍니다. 제가 동양고전을 통해서 생각하는 힘을 갖고 인생을 살아갈 힘을 키웠듯이, 독자 여러분도 삶의 지혜와 함께 어려운 시기를 헤쳐 나갈 기운을 얻어 가길 바랍니다.

옥현주

차례

1장

"앞날을 준비하려거든
뒤부터 돌아보라"

。공자의 준비。

4장

"이루고자 할 때는
의지가 필수다"

◦ 묵자의 실천 ◦

5장

"마음을 따르니
걸리는 바가 없다"

◦ 노자의 자존감 ◦

1장

___

"앞날을 준비하려거든 뒤부터 돌아보라"

공자의 준비

왜 하늘에
의지하고자 하는가

| 천인관계 |

"사람을 섬길 줄 모르는데
어찌 귀신을 섬길 줄 알겠는가!"

"未能事人, 焉能事鬼!"

《논어》, 〈선진(先進)〉 편

어렸을 때 한 번쯤 이런 노래를 따라 불러 본 적이 있을 것입니다. "하늘 천 따 지, 검을 현 누를 황, 집 우 집 주…" 바로 천자문입니다. 이 노래의 가사를 따져 보면 '하늘 천(天)'이 가장 먼저 등장하지요. 가장 처음으로 알아야 하는 첫 번째 글자가 하늘 천이라는 것은, 그만큼 하늘의 존재는 인간들에게 아주 중요하고 소중한 존재라는 뜻입니다.

바야흐로 기원전 770년경부터 기원전 221년경은 우리가 잘 알고 있는 '춘추전국시대(春秋戰國時代)'입니다. 이때 활동했던 수많은 학자와 학파 등을 제자백가라 부르는데, 우리가 잘 아는 공자니 맹자니 하는 사상가들이 바로 제자백가입니다. 이런 중국 고대 사상가들이 가장 관심 있게 연구한 주제는 무엇이었을까요? 바로 하늘과 사람(人)의 관계였습니다. 천인관계의 변화 과정을 알면 제자백가들이 활동하던 시기의 사상의 흐름을 이해할 수 있습니다.

그렇다면 제자백가에서는 천과 인 두 글자를 각각 어떤 의미로 사용했을까요? 타인이 내 노력을 몰라줄 때, 또는 살면서 몹시 절박한 순간을 맞이했을 때 보통 "세상 사람들은 몰라줘도, 하늘은 알 거야"라며 하늘에 있는 존재를 찾곤 합니다. 제자백가에서는 이 하늘을 대체로 하느님(상제), 자연, 타고난 본성 등의 의미로 사용했습니다.

또한, 한자를 사용하는 문화에서는 사람을 '인'이라고 표현합니다. 이 인 자를 과거에는 두 사람이 등을 서로 맞대고 있는 모습으로 해석했으나, 사실 갑골문에 나온 인 자를 보면 팔을 내리고 있는 한 사람의 모습을 그린 것이라고 합니다. 인은 사람이라는 뜻 외에 남(타인), 백성, 인격, 인위라는 다양한 의미를 지닙니다. 그런데 제자백가에서는 인을 '사람'이라는 의미와 인간의 노력과 행위가 가해진 '인위', 이 두 가지의 의미로 사용합니다.

당시 고대 중국 사람들은 천둥, 번개나 가뭄과 홍수 등의 자연재해를 인간에 대한 신의 노여움으로 여겼습니다. 따라서 당시 제사의 목적은 신이 내리는 재앙을 피하고, 신에게 축복을 기원하는 기복(祈福)의 성향이 강합니다. 이처럼 신에 대한 외경심으로 인간이 신에게 사랑을 구하는 의식이 바로 '예(禮)'의 기원이 됩니다.

주나라(대략 기원전 1046년~기원전 771년) 이전의 시기에는 과거 중국에서 가장 권위가 막강했던 신 상제(고대 중국에 존재했던 모든 신격 가운데 가장 먼저 등장한 신, 上帝)의 의지나 명령인 '천명(天命)'을 절대적으로 숭배했습니다. 사람은 단지 상제의 부속물로서 종속적인 지위라 여겼습니다. 따라서 생사는 상제가 주관하고, 사람은 단지 상제의 의지에 복종할 수밖에 없었지요.

그러나 주나라 초기에 천명의식에 변화가 생깁니다. 주나라의 막강한 제후였던 주공(周公)은 절대적이었던 기존의 천명관(天命觀)을 개량해 '덕(德)'의 정신을 보탭니다. "천명은 일정하지 않다"라는 '천명미상(天命靡常)'의 개념과 함께 "덕으로써 천과 짝한다"라는 '이덕배천(以德配天)'이 등장하게 된 것이지요.

유교의 가장 중요한 열세 개의 경전 중 하나인 《상서(尙書)》의 〈소고(召誥)〉 편에서는 하나라가 망한 근본적인 원인을 '덕을 공경하지 않아서 천명을 잃었기 때문'이라고 보았습니다. 이처럼 덕과 천명을 연계시킨 것은 상제의 뜻이 모든 것을 결정했던 천

중심에서 사람 중심으로 방향이 전환되고 있음을 의미합니다. 또한 천인관계에서 천이라는 최고주재자에서 사람에게 내재된 덕행으로 사상이 발전했음을 보여 주는 것이기도 합니다.

하늘과 사람의 관계

유교의 창시자인 공자는 주공을 가장 존경했고, 그를 본받고자 노력했습니다. 주공의 이러한 천명관은 공자에게도 영향을 주었습니다. 공자는 최초로 사람 중심의 철학을 제시했는데, 이는 서양의 소크라테스보다 약 100년 더 앞선 것입니다. 공자가 인간의 주체성을 강조하면서 제기한 개념이 바로 '인(仁)'입니다. 인은 공자사상의 핵심으로, '사람다움' 또는 '사람과 사람 사이의 사랑'을 의미합니다. 따라서 공자가 제창한 인 사상은 인문주의(人文主義)가 시작된 출발점이라 볼 수 있습니다.

인문주의는 인간의 존재를 중시하고 인간의 권리와 존엄성을 옹호하는 정신입니다. 인문주의는 휴머니즘(humanism)이라고 하며, 인간주의, 인본주의라고도 표현합니다. 노예제에서 봉건제로 이행되던 시기인 춘추전국시기에 인간중심의 철학을 열었다는 점이야말로 공자의 위대한 점이라고 말할 수 있습니다.

다만, 공자가 기존의 미신적인 상제 관념에서 완전히 벗어난 사상을 주장했던 것은 아닙니다. 공자의 천은 상제와 자연이라는 의미가 병존하는 개념입니다. 그러나 공자는 일정한 거리를 두고자 했습니다. 《논어》의 〈선진〉 편에 이 점이 보이는 대목이 있습니다.

"사람을 섬기지 못하면서, 어찌 귀신을 섬기겠느냐?"
"감히 죽음을 묻습니다."
"삶을 알지 못하면서, 어찌 죽음을 알겠느냐?"

또한 〈옹야(雍也)〉 편에서 '귀신을 공경하되 멀리하라'라고 했으며, 〈술이(述而)〉 편에서는 '괴력난신(怪力亂神)을 말하지 않았다'라고 했습니다. 여기서 '괴력'은 괴이하고 상식적이지 않은 힘이나 폭력이라고 볼 수 있지요. '난'은 인륜을 거스르는 행위로, 예를 들어 신하가 임금을 해치거나 아들이 아버지를 해치는 행위들을 말합니다. '신'은 귀신이나 신비한 현상 등 이성적으로 설명하기 어려운 일종의 초자연적인 현상들을 말합니다. 다시 말해, 상식적이고 합리적인 선에서 이치를 탐구할 수 없는 영역은 다루지 않았다는 뜻입니다.

이와 같이 귀신과 내세에 대한 공자의 태도는 그가 귀신의 존재 유무에 대한 언급을 회피했다기보다 사람들의 주의력을 상제가 아닌 현실의 사회와 인생으로 향하게 했다는 데 초점이 있습니

다. 또한, 차츰 인간의 주체성에 대한 자각이 시작되었음을 보여
주고 있습니다.

이를 종합해 보면 공자가 죽음보다는 삶을, 귀신 섬기기보다 사
람 섬기기를 중시했음을 잘 알 수 있습니다. 이는 유가의 인문주
의와 함께 현실주의적인 특성을 단적으로 잘 드러내고 있는 지점
입니다.

맹자와 순자는 공자의 사상을 계승해서 각기 다른 천인관계론
을 형성합니다. 이들의 사상은 점점 세대를 거치면서 귀신을 부
정하는 경향을 강화해 왔고, 후세 사람들이 사후 세계를 설정하
지 않게 했습니다. 그래서 중국인의 "죽으면 끝"이라는 현세 중심
적인 인생관 형성에 영향을 주었다고 평가할 수 있습니다.

존재의 유무보다
중요한 것

'신이 존재하는가?', '사후세계가 있는가?', '영혼이 있는가?', '귀
신이 있는가?', '윤회가 있는가?' 등의 질문은 인류가 존재하는 한
계속될지도 모릅니다. 이것은 증명하기도 어려운 문제이며, 믿음
의 영역에 해당합니다.

우리가 급할 때 찾는 하늘은 신이 될 수도 있고, 천지자연(天地
自然)이 될 수도 있습니다. 혹 자연의 섭리나 원리가 될 수도 있습

니다. 중요한 것은 존재의 유무가 아니라 사람들이 얼마나 필요로 하는가의 문제입니다. 그리고 사람에게 주는 긍정적인 영향력입니다.

종종 마음이 너무 지치고 힘들 때 종교는 의지처가 되어줍니다. 신에게 뜻대로 하시라고 맡기고 마음을 내려놓을 수 있습니다. 시한부 선고를 받은 환자는 죽으면 끝이라는 것을 인정하기가 어렵고 받아들이고 싶지 않을 수 있습니다. 그럴 때 사후의 세계가 있다는 것은 어쩌면 위로가 될지도 모르겠습니다. 갑작스레 가족을 잃은 유가족은 영혼이 있어서 사랑하는 사람이 어딘가에 존재하기를 바랄 수 있습니다. 그럴 때 사람들은 증명하지 못하는 믿음의 영역에서 도움을 받게 됩니다. 그렇다면 사람에게는 하늘이 필요합니다.

이와 같이 사람들이 신에 의지하고자 하는 마음은 지극히 자연스럽다고 볼 수 있습니다. 공자가 상제의 존재를 인정하면서도 거리를 두고자 한 태도는 '이러한 나약한 인간의 신앙은 부정하지 않지만, 거기에 지나치게 매몰되어선 안 된다'라는 것을 의미합니다.

모든 자연현상과 인간사에 신이 관여한다고 본 고대인들에게 사람의 일은 사람이 주체가 되어야 한다고 말하는 것입니다. 다시 말해, 세상의 주체를 인간으로 세우려고 한 태도라 할 수 있습니다. 이러한 공자의 태도는 신앙이 개인의 삶에 긍정적인 영향을 미치지만 신앙이 모든 문제의 해답을 줄 수는 없다는 합리적인 관점입니다. 따라서 신에게 의지할 영역은 유지하면서 사람이 해야 할 영역에서 사람이 주인이 되는 균형 있는 자세를 가져야 합니다.

불변의 지혜

의지하고자 하는 마음은 자연스럽지만,
모든 걸 맡겨서는 안 된다.

바로 서기 위한
최소한의 태도

❖ 🪭 ❖

| 학문의 자세 |

"알면 안다 하고 모르면 모른다 하는 것,
이것이 아는 것이다."

"知之爲知之, 不知爲不知, 是知也."

《논어》, 〈위정(爲政)〉편

"알고도 짓는 죄가 클까요, 모르고 짓는 죄가 클까요?"

한 종교 교리 수업에서 어느 강사가 학생들에게 이런 질문을 던졌습니다. 삼분의 이 가량의 학생이 "알고도 짓는 죄가 더 크다"라고 답했습니다. 죄인 줄 알면서도 죄를 지은 것이 문제라며 말입니다. 그런데 강사는 "모르고 짓는 죄가 훨씬 크다"라고 답합니다. 사실 대부분이 모르고 지은 죄에는 어느 정도 면책의 여지가 있다고 봅니다. 한국의 형법 제16조에서도 '자기의 행위가 죄가 되지 않은 것으로 오인하고 저지른 행위에는 벌하지 아니한다'라는 규정이 있을 정도니까요. 그럼에도 이 강사는 왜 이러한 결론을 내린 것일까요?

강사는 앎의 여부보다는 각각의 경우가 초래할 결과에 더 초점을 두었다고 볼 수 있습니다. 즉, 무지로 인해 벌어진 일일지라도 죄는 죄라는 사실을 강조한 것이지요. 사실 우리가 무엇이 옳고 그른지 미리 명확하게 알았더라면 대부분의 죄를 행하지 않았을 것입니다. 이는 살면서 배움을 멈추지 않아야 하는 이유이기도 합니다.

사전에서는 교육을 '지식과 기술 따위를 가르치며 인격을 길러 줌'이라 정의합니다. 교육은 좁게는 한 인격체의 완성을 위해, 넓게는 사회의 문화를 계승하고 발전시키기 위해 꼭 필요한 요소입니다. 이러한 교육의 기회를 최초로 민간에 열어 준 사람이 바로 공자입니다. 교육의 대중화는 공자의 커다란 업적 중 하나로도 꼽힙니다.

당시 교육은 귀족의 전유물이었습니다. 그런데 공자에게 배움을 청하는 이가 있으면 출신을 가리지 않고 누구나 제자로 받아들였다고 합니다. 말린 고기 한 묶음만 가져오면 말이지요. 이를 '속수지례(束脩之禮)'라고 합니다. 누구든 제자가 되기를 청하는 예로써 최소한의 성의만 표하면 가르침을 주었던 것입니다.

그러나 공자는 제자가 알려고 애쓰지 않으면 더 이상 가르쳐 주지 않았고, 표현하지 못해 애태우지 않으면 더 이상 말해주지 않았다고 합니다.

"(공자가) 하나의 귀퉁이를 들어 보여 주어서 (제자가) 나머지 세 귀퉁이를 들어 반응하지 않으면 다시는 보여 주지 않았다."

즉, 하나를 가르쳤을 때 나머지를 유추해 내고 결론의 단서를 스스로 증명할 수 있어야 한다는 뜻입니다. 제자가 되는 문턱은 낮았으나, 계속 가르침을 받기에는 쉽지 않은 선생님이었던 듯합니다.

공자의 제자 중 용기만 놓고 보았을 때 가장 으뜸이라 평가받는 인물이 있습니다. 공문십철(공자가 말한 열 명의 우수한 제자, 孔門十哲)의 한 사람인 자로입니다. 어느 날 자신이 모르는 것을 안다고 우기는 자로의 모습을 보며 공자는 다음과 같이 말합니다.

"알면 안다 하고 모르면 모른다 하는 것, 이것이 아는 것이다."

제대로 알지 못하는 사람은 자신이 어디까지 알고 모르는지 그 정도를 알 수 없습니다. 분간은 아는 사람만이 할 수 있는 것이니까요. 그래서 잘 모르면서 스스로 잘 안다고 착각하고, 안다고 착각하는 순간 더 알려고 노력하지 않게 됩니다.

공자는 모르는 부분을 인정할 줄 아는 것이 진정 배우는 자의 자세라 보았습니다. 그래야 자신이 모르는 것을 스승에게 질문할 수 있으며, 스승 또한 제자의 모르는 부분을 가르칠 수 있게 됩니다. 이처럼 자신이 무엇을 모르는지 잘 아는 사람은 부족한 점을 배우고 채울 수 있습니다. 더 나아가 공자는 '불치하문(不恥下問)'이라 하여, 자신보다 아랫사람에게 묻기를 부끄러워하지 않는 성품을 높였습니다.

반복해서 익히고
생각하는 공부가 쓸모 있다

공자는 반복해서 익히는 것을 강조했습니다. 사람의 본성은 모두 비슷하지만, 무엇을 익히고 무엇에 습관을 들이는지에 따라 서로 완전히 다른 부류가 될 수 있다고 보았지요. 선을 익히면 선해지고, 악을 익히면 악해질 수 있다고 본 것입니다.

반복을 강조한 예는 《논어》의 첫 문장에서도 볼 수 있습니다. '학이시습지, 불역열호'. 즉, '배우고 항상 익히면 또한 기쁘지 아니한가!'라는 의미입니다.

여기에서 습(習)은 '새는 나는 것을 배우기 위해 무수히 날갯짓을 한다'라는 뜻을 지녔습니다. 무엇을 익히려면 수없이 많은 반복의 과정을 거쳐야만 하지요. 눈으로 보고 귀로 듣는 것에만 그친다면 장차 쓰일 곳이 없어집니다. 중요한 내용을 계속 반복하고 익히는 과정을 지나야 비로소 지식을 실제로 활용할 수 있게 됩니다.

그런데 공부를 통해 쓸모 있는 지식을 만들기 위해서 습관만큼 중요한 것이 하나 더 있습니다. 그것은 배운 내용을 바탕으로 충분히 생각하는 과정입니다. 《논어》의 〈위정〉 편에는 다음과 같은 구절이 나옵니다.

"배우기만 하고 생각하지 않으면 쓸모가 없고, 생각하기만 하고 배우지 않으면 위태롭다."

배움의 과정에는 신중하게 곱씹는 고민과 끊임없이 연구하는 자세가 필요합니다. 그리고 자세히 물어야 합니다. 확실하게 이해가 되지 않았다면 잘 아는 이에게 질문하고, 검색하고, 조사해야 합니다. 그래야 분별할 수 있으니까요. '이 내용은 오류가 없는가?', '나에게 필요한 공부인가?', '얼마나 중요한가?', '어떤 의미가 있는가?' 등을 구별할 수 있어야 합니다.

그렇다면 생각하기만 하고 배우지 않는 경우는 어떨까요? 생각하는 시간은 꼭 필요하지만, 다른 정보는 차단한 채 혼자 생각만 한다면 자칫 자신만의 세계에 고립될 수 있습니다. 또한, 망상과 독단을 초래할 수 있기에 위태롭다고 봅니다.

남에게 보이기 위한 공부인가 나를 위한 공부인가?

공자의 제자는 대략 삼천 명에 이르며, 그 가운데 가르침을 제대로 전수받은 제자는 일흔두 명 정도라고 합니다. 사실 전국시대 인재 대부분이 공자에게서 큰 영향을 받았습니다.

맹자는 공자의 손자인 자사의 제자에게서 학문을 배웠습니다. 묵가의 창시자인 묵자도 유가를 공부했습니다. 법가를 집대성한 한비자와 진나라의 통일을 이끈 재상 이사의 스승인 순자는 공자를 평생의 스승으로 여기며 존경했습니다. 진나라의 재상으로 엄격한 법치주의 정책을 세워 진나라를 강대국으로 만든 정치가 상앙은 공자의 제자인 자하가 위나라에 세운 학교를 다녔다고 합니다. 이렇듯 대중교육을 창시한 공자는 중국에서 영향력이 지대했습니다.

공자는 배움의 중요성을 강조한 만큼 기꺼이 배우고 익히고자 했습니다. "아침에 도를 들으면 저녁에 죽어도 괜찮다"라는 말이나 "도를 아는 것은 좋아하는 것만 못하고, 좋아하는 것은 즐기는 것만 못하다"라는 말에서 공자가 공부하는 것을 얼마나 즐겁게 여겼는지 엿볼 수 있습니다. 또한, 〈술이〉 편을 보면 공자는 스스로를 '어떤 것에 한 번 빠지면 먹는 것도 잊고, (그 이치를 터득하고 나면) 즐거워서 근심을 잊는 사람'이라고 평가합니다. 무언가를 배우는 과정을 진정으로 좋아한 인물이었던 것입니다.

그런데 현실에서는 공자처럼 배움 그 자체를 목표로 삼고 노력하는 사람보다는 배움을 어떤 것을 이루기 위한 수단으로 여기는 사람이 더 많습니다. 〈헌문(憲問)〉 편에서 공자는 "옛날에 배우는 사람들은 자신을 위했는데(위기지학, 爲己之學), 지금 배우는 사람들은 남을 위한다(위인지학, 爲人之學)"라고 말합니다.

얼핏 들으면 '자신을 위한 공부보다 남을 위한 공부가 더 좋은 거 아닌가' 하는 생각이 들 수도 있습니다. 그런데 여기서 말하는 위인지학이란 남에게 잘 보이기 위해서 하는 공부, 즉 입신양명과 부귀영화를 위한 공부를 의미합니다. 이에 반해 위기지학은 배움 그 자체에 뜻을 두고 나의 도덕적인 완성을 위해 매진하는 공부를 말합니다.

중국 송나라 도학의 대표적인 학자 정이천은 앞선 공자의 말을 보고서 "옛날에 배우는 자들은 자신을 위한 공부를 해서 마침내 남을 이루어 (성장시켜)주기에 이르렀는데, 지금 배우는 자들은 남을 위한 공부를 하다가 마침내 자신을 상실하기에 이른다"라는 설명을 덧붙이기도 했습니다.

사실 위기지학만을 추구하며 살 수는 없습니다. 사회에서 인정받거나 보수가 높은 직업을 선호하는 것은 당연합니다. 그리고 공부가 좋은 직업을 얻기 위한 발판이 되는 것도 사실입니다. 다만 지나치게 위인지학만 한다면 정작 공부 자체의 즐거움과 기쁨은 모르고 살게 됩니다. 급기야 정이천의 말처럼 자신을 잃어버리게 될지도 모릅니다.

자신을 잃어버리지 않기 위해서는 자신이 왜 공부하는지, 어떤 목표를 이루고 싶은지를 명확히 해야 합니다. 공부의 목적이 사회적인 인정이 아니라 자신의 성장과 발전에 있어야 합니다. 그리고 공부한 내용을 맹목적으로 받아들이기보다는 비판적으로 사고함으로써 나의 생각을 키워 가야 합니다. 이러한 위기지학의 과정을 거치다 보면 자신도 모르는 새에 성장한 자신의 모습을 볼 수 있게 될 것입니다.

불변의 지혜

참된 배움은
나를 찾고 성장시키는 과정에서 시작된다.

"생사는 명에 달려 있고,
부귀는 하늘에 달려 있다"

| 사명과 운명 |

"군자는 세 가지 두려워함이 있으니,
천명을 두려워하고, 대인을 두려워하며,
성인의 말씀을 두려워한다."

"君子有三畏, 畏天命, 畏大人, 畏聖人之言."

《논어》, 〈계씨(季氏)〉 편

연말연시가 되면 점집 앞은 신점이나 사주를 보려는 사람들로 문전성시를 이룹니다. 자신에게 주어진 운명을 미리 알고 혹시 모를 액운에 대비하고자 점집을 찾는 것이겠지요.

사실 사람들은 '운명'이라는 단어를 다양한 상황에서 사용합니다. 피할 수 없는 어떠한 사건과 마주할 때면 흔히들 '운명이니까

받아들여야지'라고 생각합니다. 누군가와의 만남을 '운명적인 만남'이라 여기기도 하지요. 사람의 힘으로는 처한 상황을 바꿀 수 없다는 생각이 들 때도 "운명에 맡기는 수밖에 없다"라는 말을 하곤 합니다. 결국 우리는 한 개인의 경험이나 삶이 그 개인의 의지와는 다른 어떠한 방향으로 진행된다고 여겨질 때 운명이라는 말을 씁니다. 분명 누군가의 의지가 개입되었다고 생각하면서 말이지요.

《논어》에서도 운명과 관련한 '명(命)'이라는 단어가 자주 사용됩니다. 명은 원래 '명령'을 의미했던 글자로, '명령은 목숨 걸고 완수해야 한다'라는 의미에서 목숨과 생명이라는 뜻이 파생되었다고 합니다. 공자는 이 명에 대한 명확한 해석을 제시하지 않아 후인들에게 해석상의 여지를 남겼습니다.

《논어》에서는 이 명이 천명을 뜻할 때 사용되기도 합니다. 천명은 '하늘의 명령'입니다. 이때의 명은 '하늘이 부여한 사명', 달리 말해 '하늘이 나에게 맡긴 임무'라는 의미로, 사람의 의지와 노력이 개입할 여지가 있습니다.

《논어》의 〈요왈(堯日)〉 편을 보면 '명을 모르면 군자가 될 수 없다'라는 구절이 있습니다. 이 구절에 대해 정이천은 '명을 알지 못하면, 해로움을 보면 반드시 피하고 이익을 보면 반드시 달려갈 것이니 어떻게 군자가 될 수 있겠는가?'라는 주석을 달았습니다.

여기서 말하는 명은 하늘이 나에게 맡긴 임무를 뜻합니다. 정이천이 말한 '해로움을 피하고 이익만을 쫓는 행위'는 천명을 알지 못하기 때문에 하는 행위입니다. 또한, 《논어》의 〈계씨〉 편에서는 다음과 같이 천명을 알지 못하는 사람을 소인이라 말했습니다.

"군자는 세 가지 두려워함이 있으니, 천명을 두려워하고, 대인을 두려워하며, 성인의 말씀을 두려워한다. 소인은 천명을 알지 못하여 두려워하지 않는다. 대인을 함부로 대하며 성인의 말씀을 업신여긴다."

여기에서 천명은 곧 하늘이 부여한 사명입니다. 천명을 아는 군자는 천명을 두려워하지만, 천명을 모르는 소인은 두려움이 없고 성인의 말씀을 하찮게 여기기까지 합니다. 그래서 공자는 '도가 장차 행해지는 것도 명이며, 도가 장차 폐해지는 것도 명에 의해서'라고 합니다.

그런데 하늘이 부여한 사명을 아는 것이 마냥 두렵기만 한 일은 아닙니다. 사명을 받아들이고 완수하고자 매진하는 사람은 종종 강한 힘을 발휘합니다. 공자가 광(춘추전국시대에 정나라와 위나라 국경지대에 위치한 지역 이름) 땅에서 위험에 처했을 때 그는 다음과 같이 하늘이 자신에게 부여한 사명을 인지하였고, 어떠한 곤란과 어려움 속에서도 태연자약할 수 있었습니다.

"문왕은 이미 돌아가셨지만 그의 문화는 여기 나에게 전해져 있지 않느냐? 하늘이 이 문화를 없애버리려고 한다면 그 분보다 나중에 죽을 나 같은 사람이 이 문화에 동참하여 그 것을 향유할 수 없었을 것이고, 하늘이 아직 이 문화를 없애 려고 하지 않는다면 광인들이 나를 어떻게 하겠느냐?"

공자는 자신이 주나라의 제도와 문물을 후세에 전해 줄 문화의 계승자라고 믿었습니다. 그래서 하늘이 주나라의 문화를 없애려 고 하지 않는 한 광 사람들은 자신을 해칠 수 없을 것이라고 여겼 던 것이지요.

이와 유사한 예가 《논어》의 〈술이〉 편에도 있습니다. 공자가 조나라에서 송나라로 이동할 때 나무 아래에서 제자들에게 예를 가르치고 있었습니다. 그때 환퇴라는 자가 나무를 뽑아 치려고 했습니다. 이를 보며 공자는 다음과 같이 말합니다.

"하늘이 나에게 덕을 주셨으니, 환퇴가 나를 어찌하겠는가"

우리가 공자의 의연한 태도를 통해 알 수 있는 사실은, 천명을 아는 사람은 고난과 위험을 만나도 쉽게 무너지지 않는 강한 힘 을 지니게 된다는 것입니다.

피할 수 없는
운명

《논어》에서는 명이 '피할 수 없는 운명'이라는 의미로도 쓰입니다. 〈안연(顏淵)〉 편을 보면 공자의 제자 중 문학에 뛰어났던 자하가 또 다른 제자인 사마우에게 공자의 말을 전하는 장면이 등장합니다.

> "내가 들은 바로는 죽고 사는 것은 명에 달려 있고, 부귀는 하늘에 달려 있다."

사람의 수명이나 부귀는 하늘이 정하는 일이기에 사람의 힘으로는 어찌 할 수 없다는 뜻입니다. 이때의 명은 사람의 노력이 개입될 수 없는 불가항력적인 운명을 말합니다. 《명심보감(明心寶鑑)》에는 '큰 부자는 하늘이 내고, 작은 부자는 근면에서 나온다'라는 말이 실려 있습니다. 노력만으로는 큰 부자가 될 수 없으며, 부귀는 하늘에 달려 있다는 뜻이지요. 부자가 되지 못하는 것이 자신의 탓은 아니라고 느껴서일까요? 어떤 이는 이 구절을 보면 위로가 된다고도 합니다.

또한, 공자는 제자인 백우가 중한 병에 걸린 모습을 보며 "이럴 수가 없는데, 운명이로구나. 이 사람이 이와 같은 병에 걸리다니!"라고 탄식하기도 했습니다. 아끼는 제자 안회가 단명했을 때는 "하늘이 나를 망하게 하는구나! 하늘이 나를 망하게 하는구나!"라며 크게 울었다고도 합니다. 또, 안회가 죽고 일 년 뒤에 제자 자로가 죽게 됩니다. 이때 공자는 "아! 하늘이 나를 끊으려 하는구나!"라며 애통해 했습니다. 이와 같은 탄식을 통해서 공자가 사람의 수명을 하늘의 소관으로 보았음을 알 수 있습니다.

공자는 〈위정〉 편에서 '나이 오십에 천명을 안다(지천명, 知天命)'라고 합니다. 사람의 나이가 오십에 접어들면 하늘의 명령을 깨닫게 된다는 의미로, 여기서 유래된 지천명은 '하늘이 부여한 사명을 알고 받아들여 이를 적극적으로 실천해 나간다'라는 뜻으로 쓰입니다. 그런데 중국에서는 지천명이 좀 다른 의미로도 이해된다고 합니다. '사람의 나이가 오십이 되면 내가 아무리 열심히 해도 원하는 결과를 얻을 수 없는 일이 있다는 사실을 알게 된다'라는 의미이지요.

이렇게 해석이 갈리는 것은 명을 바라보는 관점이 다르기 때문입니다. 전자는 오십에 천명을 알아서 그를 완수하기 위해서 열심히 임한다는 것이고, 후자는 오십이 되어서야 인생에는 불가항력적인 운명이 있음을 알게 된다는 뜻입니다. 즉, 전자는 명을 사명으로 보는 것이고, 후자는 피할 수 없는 운명으로 본 것이지요.

그런데 두 가지의 해석 모두 일리가 있는 듯합니다. 명을 사람의 의지와 노력이 개입될 여지가 있는 사명으로 보는 관점은 적극적이고 진취적으로 삶을 살아가려는 태도이고, 운명으로 보는 관점은 운명을 수용하려는 태도이지요.

인생이 늘 원하는 대로 이루어지지는 않습니다. 다양한 이유를 통해 예기치 못한 방향으로 흐르곤 합니다. 원하는 대로 이루어지지 않았다고 해서 반드시 나쁜 결과를 맞이하는 것도 아닙니다. 시간이 지나고 보면 오히려 다행인 일도 많습니다. 할 만큼 최선을 다했다면 어떤 결과든 담담하게 수용하는 자세가 오히려 현명할지도 모릅니다. 이는 명을 바라보는 두 관점을 적절히 안배해 살아갈 때 가능한 일이지요.

유명론은 현실적인 수용태도이자
정신적인 위안의 방법이다

주어진 운명이 있다고 보는 관점을 '유명론(有命論)' 또는 '명정론(命定論)'이라고 합니다. 유가는 적극적인 유위(목적의식을 가지고 의도적으로 행하는 것, 有爲)의 태도를 지니며 살 것을 주장하는 학파입니다. 만약 유가의 유명론이 운명대로 살 수밖에 없다는 숙명론이라면 이러한 유가의 이념과 맞지 않게 됩니다.

유가의 유명론은 '하늘이 부여한 사명을 이루기 위해 유위하고 힘쓰다가 인력으로 통제할 수 없는 상황과 마주했을 때 초연하고 담담하게 이를 운명으로 수용한다'라는 태도를 그 근간에 두고 있습니다. 마냥 주어진 것을 그대로 수용하고 받아들이기만 하는 수동적인 자세를 의미한다고 볼 수 없는 것이지요.

이러한 관점으로 보았을 때 《논어》에 나오는 '부귀재천(富貴在天)', 즉 부귀를 하늘이 낸다고 보는 관점은 '부귀를 구하기 위해 근면하게 노력한 뒤 그 주어지는 결과에 대해서 마음을 내려놓고 수용하겠다'라는 뜻을 내포하고 있음을 알 수 있습니다. 죽음을 운명으로 보는 '사생유명(死生有命)' 또한 죽음이라는 필연적인 자연법칙에 대해 현실적으로 수용하는 태도를 나타낸 것이지요.

자신의 운명을 유가와 같은 시선으로 대할 때 우리는 성공과 실패에 지나치게 동요하지 않을 수 있게 됩니다. 최선을 다했어도 실패할 수 있습니다. 자신이 할 수 있는 만큼 노력했다면 그 결과에 너무 연연하지 않는 것이 좋습니다. 언제나 결과보다 과정에 더 집중하며 내게 주어진 일에 최선을 다한다면 그 과정 속에서 얻은 성장과 배움이 훗날 우리 인생을 더욱 풍요롭게 만들어 줄 테니까요.

불변의 지혜

운명을 받아들이되
그 안에서 최선을 다하는 것이 진정한 지혜이다.

단 하루를 살아도 필요한
삶의 자세

| 살신성인 |

"마땅히 죽어야 할 때에 죽는다면
마음이 편안하고 덕이 온전할 것이다."

"當死而死, 則心安而德全矣."

《논어집주(論語集註)》, 〈위령공(衛靈公)〉 편

"나이가 들수록 주변에 사람이 없어진다."

인생의 절반쯤 왔다면 한 번쯤 이런 말을 들어보았을 것입니다. 젊은 시절에는 수많은 사람과 만나고 교류하지만, 세월이 흐르면서 사는 환경이나 인생의 우선순위 등이 달라지며 인간관계도 자연스럽게 변하게 되지요. 또한, 살아가다 보면 여러 문제가 결국 인간관계로 귀결되는 경험을 자주 하게 되어 사람을 대하는 것이 점점 어려워지기도 합니다. 내 곁에 남은 이들과 좋은 관계를 유지하려 노력하지만 그조차도 쉽지 않다는 사실을 깨닫게 됩니다.

이런 상황에서 우리는 어떻게 하면 더 나은 인간관계를 맺을 수 있을지 고민하게 됩니다. 여기서 떠올려 볼 수 있는 것이 바로 '인(仁)'이라는 개념입니다. 인은 한자 사람 인(人)과 두 이(二)가 합쳐진 글자로, 사람들 사이의 원만한 관계나 친밀함을 의미합니다. 이 개념은 어질다, 자애롭다, 사랑하다와 같은 다양한 뜻으로 확장됩니다.

공자 사상의 핵심에도 이 인이 자리 잡고 있습니다. 공자는 제자인 번지가 인에 대해 묻자 "남을 사랑하는 것이다"라고 답했습니다. 한마디로 인은 사람과 사람 사이의 사랑을 의미합니다. 공자가 자신을 수양하고 난 뒤 백성을 편안하게 하자고 했던 것도 천이 부여한 덕을 갈고 닦은 뒤에 사람을 사랑하는 마음을 제대로 실천하기 위함이었습니다.

《논어》에서 공자는 인이 무엇인지 묻는 제자들에게 다양한 답변을 내놓습니다. 예를 들어, 안연이 인을 물었을 때 공자는 '극기복례(克己復禮)', 즉 자신의 사욕을 이겨 예로 돌아가는 것이라고 답했습니다. 그러면서 인이란 남이 아닌 자기 자신에게 달려 있는 것이라고 강조했습니다.

또한, 자공이 인에 대해서 묻자 "인이란 자신이 서고자 하면 남

을 세우고, 자신이 통달하고자 하면 남도 통달하게 하는 것"이라
고 답합니다. 중궁이 인을 물었을 때는 "자신이 바라지 않는 것을
남에게 베풀지 말아야 한다"라고 답했지요.

앞에서 언급한 공자의 말을 달리 표현하면 자신의 마음을 비추
어 타인에게도 비슷한 배려와 존중을 베풀어야 한다는 것을 뜻합
니다. 내가 누군가에게 괴롭힘을 당하고 싶지 않다면 나 역시 타
인을 괴롭히지 않아야 한다는 의미이기도 하지요.

내 몸을 바쳐서
사랑을 이룬다

생과 사를 놓고 선택해야 하는 상황을 만났을 때 유가는 생명보
다 도덕을 더 우선시하는 태도를 보입니다. 공자는 〈위령공〉 편
에서 "지사(志士)와 인인(仁人)은 자신의 삶을 추구하느라 인을 해
치는 일은 없고, 자신을 죽임으로써 인을 이루는 일은 있다"라고
말합니다. 공자의 이 말은 목숨과 인 가운데 반드시 하나만 선택
해야 한다면 목숨을 버려서라도 인을 이루겠다는 뜻입니다. 따라
서 '살신성인(殺身成仁)'은 '내 몸을 바쳐서 사랑을 이룬다'라는 의
미로 해석할 수 있습니다. 이에 대한 주희의 주석도 한번 볼까요.

"지사란 뜻이 있는 선비요, 인인은 덕을 이룬 사람이다. 도

리상 마땅히 죽어야 할 때에 삶을 구한다면 그 마음에 불안한 바가 있을 것이니, 이는 마음의 덕을 해치는 것이다. 마땅히 죽어야 할 때에 죽는다면 마음이 편안하고 덕이 온전할 것이다."

오늘날 우리는 사회의 정의와 인권을 위해 싸우는 사람들, 재난 구호활동에 자원한 봉사자들, 위험한 현장에서 일하는 소방관이나 경찰들 등에게서 살신성인의 자세를 찾아볼 수 있습니다. 이들이 목숨을 걸고 헌신하는 이유는 덕을 이룬 유덕자(有德者), 즉 군자의 입장에서 삶보다 더 소중하게 여기는 도리를 지키기 위함일 것입니다. 공자는 이러한 살신성인의 태도를 '인을 행하는 것은 자신으로부터 시작한다'라는 가르침의 실천으로 보았습니다.

〈헌문〉편에서 자로가 '성인'에 대해 묻자 공자는 "이익을 보고 의로움을 생각하고, 위태로움을 보고 목숨을 바치며, 오랜 약속에 평소의 말을 잊지 않는다면 완성된 사람이라고 할 수 있다"라고 알려 줍니다. 유가의 관점에서 도덕성은 인간의 기본적인 특성이자 사람이 사람다운 이유를 설명하는 핵심 요소입니다. 따라서 도덕성을 상실한 사람은 인간으로서의 기본적인 자격을 상실한 것이라고 볼 수 있습니다.

유가에서 말하는 생명의 의미는 단순히 살아 있는 것에 있는 것이 아니라, 살아가면서 어떻게 도를 실천하느냐에 달려 있습니다. '도에 뜻을 두고, 덕을 지키며, 인에 의지하고, 예에 노니는' 삶을 추구하고자 했습니다. 이처럼 공자는 인을 평생 견지해야 할 신념으로 삼았습니다.

명분만큼
실리도 중시한 공자

그렇다면 의로운 죽음이란 무엇일까요? 당시 공자의 제자들도 이러한 문제에 대해 의구심을 가진 듯합니다. 〈헌문〉 편에서 자로는 공자에게 "환공은 공자 규를 죽였다. 소홀은 따라 죽어서 충성을 다했는데, 관중은 도리어 죽음을 선택하지 않았다. 이것을 인이라고 할 수 있는가"를 물었습니다. 규를 섬겼던 관중이 규를 따라 죽지 않고 자신의 주군을 죽인 환공을 섬긴 것에 대한 지적입니다. 자공 또한 같은 문제를 물었는데, 이에 대해 공자는 다음과 같이 대답합니다.

> "관중은 환공과 더불어 제후를 제패하고 천하를 하나로 바로잡았다. 백성들이 오늘에 이르러 그 은혜를 입었으니, 관중이 없었다면 우리는 진작 머리를 풀어 헤치고 옷깃을 왼쪽으로 여민 북방 오랑캐의 복장을 하고 있었을 것이다."

여기에서 알 수 있는 사실은, 공자가 보기에 관중의 경우 죽음을 선택하는 것보다 삶을 선택함으로써 인을 이루었다는 점입니다. 관중은 살아서 제나라 환공을 패자(覇者)로 만드는 일을 성취했고, 이로 인해 백성들은 막대한 은혜를 입게 되었습니다. 결과적으로 그는 인을 실현한 셈이지요. 공자는 이러한 관중을 크게 칭찬하기도 했습니다.

이 사례는 공자의 살신성인이 단순한 희생에 그치지 않고 어느 정도 융통성을 지니고 있음을 보여 줍니다. 관중을 둘러싼 공자와 제자 간의 대화는 공자가 어떤 일의 결과를 그 과정과 방식만큼이나 중요하게 다루었으며, 명분 이상의 현실적인 실리도 중요시했다는 것을 말해 주고 있습니다.

사랑을 통해
성장한다

공자는 〈이인(里仁)〉 편에서 오직 사랑을 지닌 사람만이 사람을 제대로 좋아하고 제대로 미워할 수 있다고 했습니다. 또한 〈술이〉 편을 통해 이런 말도 했습니다.

"인이 멀리 있겠는가, 내가 인을 하고자 하면 인이 당장 이르게 된다."

공자가 말한 사랑은 나로부터 시작하는 사랑입니다. 이 사랑은 내가 스스로 마음먹는 순간 바로 실천할 수 있는 것입니다. 소극적인 사랑은 내가 받고 싶지 않은 대우를 상대에게도 하지 않는 것이며, 적극적인 사랑은 내가 받고 싶은 것을 상대에게 베푸는 것입니다. 이러한 사랑을 실천하는 과정에서 서로를 성장시키는 관계가 형성되어야 합니다.

연인 간의 사랑도 마찬가지입니다. 두근거림과 설렘은 잠시일 뿐, 진정한 사랑은 긴 인내와 기다림을 요구합니다. 아무리 노력해도 상대가 만족하지 않을 때도 있습니다. 또한, 자존심을 챙기려 할수록 사랑은 점점 멀어질 수 있습니다. 상대에 대한 애착은 때로는 소유욕을 불러일으키며, 사랑하지 않았다면 이별의 아픔도 없었을 것입니다.

때로는 아무 말 없이 지켜보는 것이, 또 때로는 멀리서 응원하고 지지하면서 거리를 두는 것이 사랑일 때도 있습니다. 사랑을 하려면 상대를 이해하고 또 이해해야 합니다. 그래서 사랑은 사람을 성장시킵니다. 성장한 사람이 사랑을 하는 것이 아니라 사랑을 통해 사람이 성장하는 것입니다. 사랑은 내 마음의 크기를 키우고, 인내심을 자라게 하며, 더 성숙한 사람으로 거듭나도록 만듭니다.

이 이야기들을 통해 우리는 살신성인의 뜻을 쉽게 이해할 수 있습니다. 여기서 살신은 단순히 자신을 희생하는 것이 아니라 오늘날 우리가 가진 욕심, 자존심, 한계 등을 극복하여 스스로를 이기는 것을 의미합니다. 이를 바탕으로 상대를 이해하고 지지하며 함께 성장해 나가는 것이 바로 성인, 즉 사랑을 이루는 길입니다. 다시 말해, 살신성인이란 나를 극복하고 사랑을 이루어 함께 성장하는 사랑의 형태를 말합니다.

불변의 지혜

진정한 사랑은
나 자신을 극복하는 것에서부터 시작한다.

형식보다 마음이
더 중요한 이유

| 제사의 태도 |

"예는 사치하기보다는 차라리 검소해야 하고,
상(喪)은 형식적으로 잘 다스려지기보다는 차라리 슬퍼해야 한다."

"禮與其奢也寧儉, 喪與其易也寧戚."

《논어》, 〈팔일(八佾)〉편

사람들은 종종 '효도'라는 단어를 다양한 상황에서 사용하곤 합니다. 부모에게 잘못한 것이 있을 때, "효도해야지"라고 다짐하며 마음을 다잡기도 하고, 부모님의 기대에 부응하지 못할 때 "부모님께 죄송하다"라는 말을 하며 효를 생각합니다. 부모님이 연로해지실 때면 더 자주 찾아뵙고 봉양하려고 노력하는 것도 효의 일환으로 여겨지지요.

그러나 사람들은 지갑 사정이 좋지 않음에도 무리해서 부모님을 크루즈 여행에 보내드린다거나, 일 년에 스무 번도 더 넘게 제사를 지내는 등 때때로 형편에 맞지 않는 과도한 봉양이나 예식을 효도라 착각할 때가 있습니다. 이로 인해 가족 간의 사이가 나빠지거나 가정이 깨지기도 하는 모습을 보며, 진정한 효란 무엇인지 고민하게 됩니다.

과거에도 효를 둘러싸고 사람들 사이에 다양한 논의가 있었습니다. 어느 날 노나라의 유력한 세경가(世卿家) 중 하나인 맹손씨가 공자에게 효가 무엇인지를 물었습니다. 그러자 공자는 "어김이 없어야 한다"라고 답합니다. 공자가 보기에 효란 예에 어김이 없는 것, 즉 예에 지나치지 않은 것입니다. 다시 말해, 과장하지 말고 분수에 맞는 효를 하라는 말입니다. 형편에 맞지 않는 무리한 봉양을 효라고 보지 않았던 것이지요. 공자가 보기에 효도나 예식은 사치한다고 해서 잘하는 것이 아니었으며, 그는 형식보다는 진심에 더 가치를 두었습니다.

이어서 번지가 "어김이 없어야 한다"라는 말의 의미를 물었을 때, 공자는 다음과 같이 답했습니다.

"살아계실 때에는 예로써 섬기고, 돌아가셨을 때에는 예로써 장사지내고, 예로써 제사지내는 것이다."

여기서 예란 질서와 절도를 말합니다. 이는 부모의 생전과 사후를 막론하고 자기 분수에 맞게 섬기라는 뜻입니다. 이 구절에 대해 '치당(致堂)선생'이라 불리는 송나라의 유학자 호인은 "신분상 할 수 있는데도 하지 않는 것과 할 수 없는데도 하는 것은 똑같이 불효다"라고 주석을 달았습니다. 공자는 후손들이 조상에게 효도를 할 때 부모의 생전이든 사후든 한결같이 효를 다해야 한다고 보았습니다. 즉, 상례(장례식의 유교적 절차를 뜻함, 喪禮)와 제례(조상을 추모하고 유덕을 기리는 의례, 祭禮)는 살아계신 부모에게 하는 효도의 연장선인 것입니다.

또한, 〈팔일〉 편에는 신분에 맞지 않는 예절에 대한 일화가 등장합니다. 노나라의 대부(大夫)인 맹손, 숙손, 계손, 이 세 집안이 제사를 마치는 의식에서 '옹(雍)'이라는 시를 노래한 일이 있었는데, 공자는 이를 비판했습니다. 옹은 '제후들이 제사를 돕거늘 천자는 엄숙하게 계시다'라는 내용으로, 천자의 종묘 제사에서 제기를 거두며 부르는 노래였습니다.

공자는 제례에서 천자의 예, 제후의 예, 대부의 예를 구분하며, 대부가 자기 조상의 제례에서 천자의 예를 행하는 것은 예에 어긋나는 것이라고 보았습니다. 신분에 맞지 않게 넘치는 것은 효가 아니며, 이는 공자가 살던 시기에 천자 중심의 질서가 붕괴되었음을 보여 주는 대목이기도 합니다.

이어서 임방이 예의 근본을 묻자 공자는 그 질문을 훌륭하다고 칭찬하며 "예는 사치하기 보다는 차라리 검소해야 하고, 상(喪)은 형식적으로 잘 다스려지기보다는 차라리 슬퍼해야 한다"라고 대답합니다. 상례의 본질은 부모를 잃은 자식의 애통함과 서글픔에 있습니다. 슬픔이 없는 형식적인 상례와 제례는 본질을 잃은 문화에 불과합니다. 이처럼 공자는 예에 지나침이 있는 것을 경계하며, 사치한 예식보다는 검소한 예식이 더 낫다고 보았습니다. 심지어 자신이 제사지내야 할 귀신이 아닌 대상에게 제사하는 것은 아첨이라고까지 했습니다.

상례의 근본은 애도하는 마음이다

돌아가신 조상에 대한 상례와 제례를 중시하는 점은 유가의 큰 특징 가운데 하나입니다. 〈태백(泰伯)〉 편에서 공자는 우임금을 칭송하며, 그가 제사 음식을 정성스럽게 마련하고 제사의 복식을 아름답게 꾸민 것을 칭찬합니다. 《논어》의 마지막 편인 〈요왈〉 편에서는 주나라의 무임금이 소중히 여겼던 것이 백성의 식량과 더불어 상례와 제례였다는 구절이 나옵니다. 주나라의 예악 문화를 계승했다고 자처하는 공자는 이처럼 장례와 제사를 치를 때의 정성스러운 마음가짐과 예법에 대해 여러 차례 언급합니다.

그렇다면 공자는 조상의 제사를 어떻게 지냈을까요? 〈팔일〉 편에는 '(공자는) 선조를 제사 지낼 때에는 (선조가) 계신 듯이 했으며, 신에게 제사지낼 때에는 신이 계신 듯이 했다'라는 구절이 있습니다. 이는 제사를 지낼 때 공자가 얼마나 정성을 다했는지를 보여 줍니다.

또한, 〈술이〉 편에서는 '공자는 상이 있는 자의 곁에서 음식을 먹을 적에 일찍이 배불리 먹은 적이 없었다. 공자는 이 날에 조곡을 하면 노래 부르지 않았다'라고 기록되어 있습니다. 주희의 주석에 따르면, 이는 그날의 슬픔이 잊히지 않아 저절로 노래를 부를 수 없었던 것이며 공자가 상중의 슬픔을 깊이 이해하고 있었음을 나타낸다고 합니다.

공자는 〈양화(陽貨)〉 편에서 천덕꾸러기 대접을 받는 대표적인 인물 재여와의 대화를 통해 삼 년 상례의 중요성을 강조합니다. 재여는 일 년이면 묵은 곡식이 없어지고 새 곡식이 나오니 부모가 돌아가신 뒤 일 년만 상을 지내도 충분하지 않겠냐고 묻습니다. 그러나 공자는 "쌀밥을 먹고 비단옷을 입어도 네 마음이 편안하냐?"라고 묻습니다. 재여가 편안하다고 대답하자, 이어서 공자는 "네가 편안하거든 그리 하라"라고 말합니다. 그러면서 "상중에는 맛있는 음식을 먹어도 달지 않고, 음악을 들어도 즐겁지 않으며, 편안하게 지낼 수가 없어서 하지 않았던 것이다"라고 합니다. 재여가 물러나자 공자는 재여가 인(仁)하지 못하다고 탄식하며, "자식이 태어나서 삼 년이 된 뒤에야 부모의 품을 벗어나는데, 재여는 부모로부터 삼 년의 사랑을 받지 못했는가?"라고 말합니다.

〈학이(學而)〉편과 〈이인〉편에서도 공자는 부모가 돌아가신 후 삼 년 동안은 부모가 해오던 방식을 고치지 않아야 효도라고 말합니다. 이 삼 년이란 시간은 아이가 세상에 태어나 부모의 품에서 보호받고 자라야 하는 기간과 일치하며, 이 때문에 삼 년간의 추모기간은 자식으로서 받은 사랑을 보답하는 최소한의 기간이라 볼 수 있습니다. 또한, 공자는 이 기간이 부모를 향한 그리움과 추모의 감정을 충분히 추스르는 데 필요한 시간이라고 보았습니다.

이와 같이 공자는 효도를 단순히 의례적 행위로 보지 않았습니다. 그는 신분과 형편에 맞게 부모를 섬기는 것을 효도로 생각했으며, 형식적이고 사치스러운 제례보다는 조상을 향한 그리움과 슬픈 마음을 바탕으로 한, 분수에 맞고 정성스러운 제례를 바람직하게 보았음을 알 수 있습니다.

다름을 인정하고
솔직하게 표현하자

부모와 자식 간에는 평균적으로 30년 정도의 나이 차이가 존재합니다. 이로 인해 두 세대는 서로 다른 성장 환경과 문화를 경험하게 되며, 그로부터 가치관의 차이가 생기는 것은 당연한 일입니다. 같은 문제에 대해서도 견해 차이가 생길 수밖에 없습니다. 오히려 견해가 같다면 이상하게 여겨야 할 문제인 것이지요. 만약 세대 간의 차이가 없었다면 세상은 계속 변화할 수 있었을까요?

공자는 사랑하는 마음을 가지고 무리하지 않게, 분수에 맞게 부모를 대하라고 했습니다. 이 원칙은 부모가 살아 계실 때나 돌아가신 뒤에도 그대로 적용됩니다. 그렇다면 조상에 대한 제사도 사랑과 그리움을 바탕에 두고 형편에 맞게 무리하지 않게 하는 것이 효도입니다. 만약 돌아가신 조상을 기리는 일로 가족 간에 불화가 생긴다면 제사의 방식을 처음부터 다시 점검할 필요가 있습니다.

그럴 때는 '내 제사 때문에 자녀들이 갈등을 겪고 힘들어한다면 내 기분이 어떨까'를 상상해 보면 됩니다. 그러면 지금 나의 조상들의 심정을 미루어 짐작할 수 있게 됩니다. 아마도 대부분의 부모는 나를 위한 제사를 지내겠다고 싸우는 모습보다 서로 잘 지내는 모습을 더 바랄 것입니다. 다행히도 요즘은 점점 가족 모두가 공감하고 수용할 만한 제사 방식을 찾아가는 추세입니다.

불변의 지혜

효도는 과한 형식보다
신심 어린 마음에서 시작하라.

2장

"버틸수록
하늘이
길을 연다"

맹자의 인내

자리마다 걸맞은
덕이 있다

| 왕도정치 |

> "칼로 사람을 죽이는 것과
> 정치로 사람을 죽이는 것에 차이가 있습니까?"
>
> "以刃與政, 有以異乎."
>
> 《맹자》, 〈양혜왕상(梁惠王上)〉 편

    가정에서의 부모부터 직장의 상사까지 우리는 살면서 다양한 리더를 접하고 그들의 리더십을 평가하게 됩니다. 예를 들어, 회사에서 상사가 직원들의 의견을 경청하고 공정하게 대우할 때 우리는 그를 자연스럽게 존경하게 됩니다. 하지만 반대로, 자기 이익만을 앞세우고 직원들을 단순한 수단으로 여기는 상사를 만난다면 우리는 그에 대한 신뢰를 금세 잃어버립니다. 이렇게 우리의 일상에서도 리더의 도덕성과 공정함이 얼마나 중요한지를 실감하게 되지요.

이 원리는 정치에도 고스란히 적용됩니다. 한 나라의 통치자가 국민을 진심으로 위하고 그들의 복지를 최우선으로 삼는다면, 국민들은 자연스럽게 그 통치자를 신뢰하고 따르게 됩니다.

바로 이 점이 맹자가 강조한 왕도정치의 핵심입니다. 왕도정치란 백성의 생명과 인간다운 삶을 보장하기 위해 통치자가 사랑(仁)과 의로움(義)으로써 백성을 감화시키며 다스리는 것을 말합니다. 맹자의 왕도정치사상, 즉 인정(仁政)사상은 공자의 덕치사상을 계승한 것으로, 통치자의 도덕성을 무엇보다 강조합니다.

왕도정치에 대비되는 개념이 패도정치입니다. 패도정치는 힘으로 지배하는 정치로, 맹자는 이를 강력히 반대하며 당시 제후들이 추구하던 부국강병책을 신랄하게 비판했습니다. 심지어 맹자는 "덕이 없는 군주는 몰아내거나 베어도 좋다"라는 '역성혁명론'을 주장하기까지 했습니다. 여기서 덕이 없다는 것은 군주가 군주답지 못하다는 의미입니다. 맹자가 말한 역성(易姓)은 성을 바꾼다는 뜻으로, 왕조를 바꾸는 것을 의미합니다.

제나라 선왕이 맹자에게 "상나라를 세운 탕왕이 하나라의 걸왕을 몰아내고, 주나라를 세운 무왕이 상나라의 주왕을 몰아낸 것은 신하가 군주를 시해한 것인데 이것이 도리에 맞습니까?"라고 묻습니다. 이에 맹자는 다음과 같이 말합니다.

"인을 해치는 자를 적이라 하고, 의를 해치는 자를 잔이라고 합니다. 잔적을 일삼는 자를 한 사내라고 합니다. 한 사내를 죽였다는 말은 들어봤어도 군주를 시해했다는 말은 들어보지 못했습니다."

이 구절은 민심을 잃은 통치자는 쫓아내어도 좋다는 맹자의 '방벌론(放伐論)'입니다. 맹자가 보기에 군주가 인의를 해쳐서 군주다움을 잃게 되면 민심을 잃게 되고, 민심을 잃으면 군주의 자격을 잃은 것입니다. 맹자가 보기에 자격이 없는 군주는 한 명의 사내에 불과합니다.

어느 날 인정을 베풀라는 맹자의 말에 선왕이 "좋소"라고 합니다. 바로 맹자는 "좋게 여긴다면 어째서 행하지 않느냐?"라고 묻습니다. 선왕은 자신이 재물을 좋아하고 여색을 좋아하는 병폐가 있다고 대답합니다. 맹자는 재물을 좋아하고 여색을 좋아하더라도 백성을 풍족하게 만들고 백성도 혼인을 하게 해 준다면 괜찮다고 합니다.

만일 백성을 굶주리게 하고 외롭게 하면서 통치자만 재물과 여색을 탐하며 즐긴다면 백성의 원성을 사겠지만, 백성과 즐거움을 함께할 수 있다면, 즉 '여민동락(與民同樂)' 한다면 무슨 어려움이 있겠냐고 말합니다.

〈진심장구하(盡心章句下)〉 편에 나오는 '백성이 귀하고, 사직은 그 다음이며, 군주는 가볍다'라는 말은 바로 백성을 통치의 수단이 아닌 근본에 두는 정치를 의미합니다. 이것은 오늘날 국민주권을 떠올리게 하는 구절인데, 국민주권이란 국가에 대한 최종 결정권이 국민에게 있다는 것을 말합니다.

맹자는 인의를 실천하는 네 있어 사사로운 이익의 추구가 장애라고 생각하고 배척했습니다. 그래서 "우리나라를 어떻게 이롭게 해주시겠습니까?"라고 묻는 양나라 혜왕에게 "하필 이로움을 말하십니까? 다만 인의가 있을 뿐입니다"라고 대답합니다. 이로움을 구하는 왕에게 사랑과 의로움이 있을 따름이라고 대답한 것이죠. 그러면서 혜왕에게 이런 질문을 던집니다.

> "몽둥이로 사람을 죽이는 것과 칼로 사람을 죽이는 것에 차이가 있습니까? 칼로 사람을 죽이는 것과 정치로 사람을 죽이는 것에 차이가 있습니까?"

혜왕은 차이가 없다고 답합니다. 맹자는 이어서 들판에 굶어 죽은 백성들의 시체가 있는데 왕의 푸줏간에 살찐 고기가 있고 마구간에 살찐 말이 있다면, 이것은 짐승을 몰아서 사람을 잡아먹게 한 것과 다름없다고 질타합니다.

항산이 없으면
항심이 없다

경제적 측면에서 왕도정치는 백성의 생활기반을 마련해 주는 것입니다. 백성들이 농사 시기를 놓치지 않게 보장해 주고, 부역은 겨울에 시행하고, 세금을 적게 거두어들이는 것 등이 이에 해당됩니다. 농부가 봄철에 씨를 뿌려야 한 해의 곡식을 마련할 수 있는데, 농사철임에도 전쟁에 불려 나간다면 굶주려 죽는 백성이 많아질 수밖에 없습니다. 맹자가 말한 "백성은 항산(恒産)이 없으면 항심(恒心)이 없다"라는 말은 백성에게 일정한 생산과 수입이 없으면 일정한 마음을 지니기가 어렵다는 의미입니다.

이와 같은 민생을 향한 애정은 전쟁을 질책하는 데서도 드러납니다. 그는 제후들이 토지를 빼앗기 위한 전쟁을 할 때 백성의 생명은 전혀 고려하지 않는다고 보았습니다. 그래서 "춘추에 기록된 전쟁 중에 의로운 전쟁은 없다"라고 말합니다. 양나라 혜왕이 맹자에게 누가 천하를 하나로 통일할 수 있겠느냐고 물었을 때 살인하기를 싫어하는 사람이 통일할 것이라고 대답합니다. 그리고 "어떤 사람이 말하기를 '나는 진을 잘 치고, 전쟁을 잘한다'라고 하면 그 잘못이 크다"라며 전쟁을 일삼는 것을 죄악시합니다.

맹자에 따르면 군주가 인의로써 정치를 하는 나라에는 이웃 나라에 사는 농부와 상인들과 뛰어난 선비가 그 나라를 찾아서 모여들 것이라고 합니다. 그렇게 되면 나라는 저절로 인구가 늘어나고, 부강해진다고 보았습니다. 약육강식의 논리가 지배하는 전국 시기에 군주가 사랑과 의로움으로 백성을 다스리면 절로 부강해 진다는 생각은 지나치게 이상주의라는 느낌을 지울 수 없습니다. 다만 맹자는 "사람은 누구나 선한 본성을 지니고 있다"라고 생각 했기에 통치자도 선한 본성을 지니고 있다고 보았습니다. 다시 말 해, 혼란과 도탄에 빠진 세상을 바로잡을 방법으로 통치자에게 '도 덕성의 회복'을 호소했다고 볼 수 있습니다.

마음을 움직이는
리더가 진짜다

《맹자》의 〈공손추상(公孫丑上)〉 편에는 힘으로써 남을 복종시 키는 것과 덕으로써 남을 복종시키는 것을 대비합니다. 힘으로 복종시킬 때 상대방은 진심으로 복종하는 것이 아니라 힘이 부족 해서 일뿐입니다. 그러나 덕으로 복종시키는 사람은 남을 복종시 킬 마음이 없는데도 사람들이 스스로 복종합니다.

오늘날 타인의 의사를 그대로 따르는 것은 바람직하지 않습니 다. 그래서 복종시킨다는 말을 '앞장서서 이끈다'로 바꾸어 이해 해도 무방합니다. 맹자의 관점에서 보자면, 조직을 이끄는 리더 는 그들이 가진 권력이나 재력이 아닌 바람직한 인격과 자질로 사람들을 이끌어야 합니다. 덕이 있는 리더란 조직을 구성하는 사람을 향한 사랑과 의로움을 갖춘 리더입니다. 그리고 리더는 언제나 사람들의 마음을 읽어야 합니다. 사람들의 생각이 어디에 있는지를 파악하고 외면해선 안 됩니다. 그래야 구성원의 마음을 움직일 수 있습니다.

영화 〈광해, 왕이 된 남자〉를 보면 광해군으로 위장한 주인공 하선에게 신하인 도승지가 백성을 하늘처럼 섬기는 왕을 진정으로 꿈꾼다면 그 꿈을 이루어 주겠다고 제안하는 장면이 나옵니다. 그때 하선은 "나 살자고 누군가 죽여야 한다면, 진짜 왕이 그런 거라면 나는 싫소"라며 거절합니다. 그리고 목숨을 건 탈출을 합니다. 어명을 받고 하선을 쫓는 병사들이 하선의 도주를 돕는 도부장에게 하선은 가짜라고 말합니다. 그때 도부장은 "나에겐 진짜다!"라고 말합니다. 그리고 죽어 가면서도 끝까지 하선을 지킵니다. 이처럼 사람들을 따르게 만드는 힘은 리더로서 자신의 본분을 지킬 때 나옵니다.

불변의 지혜

리더십의 본질은 권위가 아닌 신뢰에서 비롯된다.
사람의 마음을 얻는 자가 진정한 리더이다.

누구에게나 열린
'인의'의 길

◈ 🔶 ◈

| 사생취의 |

"천명이 아닌 것이 없으니,
그 명을 순리대로 받아들여야 한다."

"莫非命也, 順受其正."

《맹자》,〈진심상(盡心上)〉편

　뉴스나 신문을 보다 보면 위험을 무릅쓰고 타인의 목숨을 구한
의인들의 이야기를 종종 접하게 됩니다. 선로에 추락한 취객을
구하려다 열차를 피하지 못한 청년, 원룸 화재 현장에서 이웃들
을 모두 깨우고 대피시켰지만 본인은 화재 연기를 마시고 목숨을
잃은 청년, 스물한 명의 선원들을 모두 대피시키고 자신이 대피
할 시간을 구조 신호를 보내는 데 사용하다 목숨을 잃은 선장 등

등 각박해진 사회 속에서 이러한 의인들의 이야기를 들으면 '인류애가 여전히 우리 세상에 살아 있구나'라는 생각이 들곤 합니다.

이들은 자신의 생명보다 타인의 생명을 먼저 생각하며 행동한 것입니다. 의인들의 숭고한 정신과 용기 있는 행동은 공자의 살신성인과 맹자의 '사생취의(捨生取義)'를 실천한 대표적인 사례들입니다.

이제 공자의 살신성인(45쪽 참고)에 이어 맹자의 사생취의에 대해 알아보겠습니다. 맹자는 생명을 매우 중요하게 여겼으며, 예의와 격식보다 생명이 우선이라고 강조했습니다.

어느 날 제나라의 지식인인 순우곤이 맹자에게 다음과 같은 질문을 합니다.

> "제수(弟嫂)가 물에 빠졌을 때 손으로 구하는 것이 옳은가?"
> "제수가 물에 빠졌는데 구하지 않는 것은 승냥이이다. (…)
> 남녀가 주고받음에 직접 하지 않는 것은 예이고, 제수가 물에 빠졌을 때 손으로써 당기는 것은 권도(權道)이다."

여기서 권(權)이란 저울의 추를 의미하며, 상황을 저울질하여 무엇이 더 중요한지 판단해야 한다는 뜻입니다. 물에 빠진 사람을 구하는 일이 남녀 간의 예절보다 더 중요하기 때문에, 그런 상황에서는 예절보다 생명을 구하는 것이 우선이라고 본 것입니다.

한편, 맹자는 무모한 용기는 반대했습니다. 그는 "죽을 수도 있고 죽지 않을 수도 있는데, 죽는 다면 용기를 해치는 것이다"라고 말했습니다. 맹자의 관점에서 무모한 희생과 자살은 진정한 용기가 아니며, 오히려 용기를 해치는 행위로 여겨졌습니다. 맹자는 무모하게 생명을 잃는 것은 천이 부여한 명을 저버리는 행위라고 보았으며, 이를 피하기 위해 '정명(正命)'을 제시합니다. 정명이란 '도리를 다하고 천수를 누리다 제 수명대로 죽는 것'을 의미합니다.

> "천명이 아닌 것이 없으니, 그 명을 순리대로 받아들여야 한다. 그러므로 천명을 깨달아 아는 사람은 위험한 담장 밑에는 서지 않는 것이니, 자기의 도리를 다하고 죽는 것은 정명이고, 질곡사하는 것은 정명이 아니다."

여기서 말하는 도리는 천이 사람에게 부여한 본연의 것이라고 할 수 있습니다. 맹자는 사람은 태어날 때부터 천리를 본성으로 가지고 있다고 보았지만, 후천적인 영향으로 그 본성이 가려지기 때문에 일생 동안 부단히 노력해서 이러한 가림을 제거하고 하늘이 부여한 선한 본성을 회복해야 한다고 강조했습니다. 따라서 맹자에게 자기 수양, 교육, 정치는 모두 천리를 드러내는 과정입니다.

그러나 정명은 삶의 과정에만 해당되지 않습니다. 임종할 때의 모습이 온전한 것도 중요합니다. 이를테면 형벌을 받아 신체가 손상되거나 제 명을 다하지 못하는 요절은 정명이 될 수 없습니다. 형벌을 받고 죽는 것은 위험한 담장 밑에서 깔려 죽는 것과 마찬가지로 정명이 아닙니다. 죽지 않아도 되는데 무모하게 목숨을 잃는 것은 공자도 비판했던 부분입니다. 이것은 타인의 생명을 중시하는 것만큼이나 자신의 생명을 중시하라는 의미입니다. 맹자의 인정 사상과 정명 사상을 통해 맹자가 무엇보다 사람의 생명을 중시했음을 알 수 있습니다.

사는 것보다
더 바라는 것이 있다

맹자도 공자와 마찬가지로 인을 강조했습니다. 맹자는 인을 '사람의 편안한 집'에, 의는 '사람의 바른 길'에 비유했습니다. 그러나 사람들이 편안한 집을 비워 두고 거처하지 않으며, 바른 길을 버려두고 따르지 않아서 애처롭다고 여겼습니다. 그래서 맹자는 "천자가 불인(不仁)하면 천하를 보존하지 못하고, 제후가 불인하면 사직을 보존하지 못하고, 경대부(중국 춘추전국시대에 귀족 신분을 나타내는 용어 중 하나)가 불인하면 종묘를 보존하지 못하고, 선비와 서인이 불인하면 몸을 보존하지 못한다"라고 했습니다.

맹자는 〈진심상〉 편에서 어버이를 친애함은 인이고, 어른을 공경함은 의라고 하여 인과 의를 구분했습니다. 공자가 인을 중심으로 말했다면 맹자는 인의를 병칭해서 말했는데, 이를 통해 맹자도 공자와 마찬가지로 천하를 다스리는 근본을 사랑에 두었다는 점을 알 수 있습니다.

맹자는 인의를 실천하는 것을 "인의로 말미암아 행동하는 것이지, 인과 의를 실행하는 것이 아니다"라고 명확히 구분했습니다. 여기서 '인의로 말미암아 행동하는 것'이란 인의가 이미 마음속에 내재되어 있어 모든 행위가 이로부터 자연스럽게 나온다는 뜻입니다.

반면, 인과 의를 실행하는 것이 아니라는 말은 인의를 객관적인 덕목으로 여기고 이를 의도적으로 실천하려 하지 말라는 의미입니다. 주희는 이 대목에서 "억지로 힘써 행한 것이 아니라, 이른바 편안히 한 것이다"라고 해석하며, '안이행지(安而行之)'라는 주석을 달았습니다. 사랑과 의로움은 애써서 행하는 일이 아니라 내면에 늘 지니고 있다가, 어느 순간 그 마음이 자연스럽게 드러나는 것일 뿐이라는 의미입니다.

《맹자》의 〈고자상(告子上)〉 편에는 '삶을 버리고 의를 취하겠다'라는 구절이 나옵니다. 이는 맹자의 도덕 이상주의 생사관을 단적으로 나타낸 표현입니다. 다음은 사생취의가 나오는 대목입니다.

　　　"물고기도 내가 바라고 곰발바닥도 또한 내가 먹고 싶은데,

두 가지를 겸할 수 없다면 물고기를 버리고 곰발바닥을 취하겠다. 사는 것 또한 내가 바라는 바요, 의 또한 내가 바라는 것이지만, 두 가지를 겸하여 얻을 수 없다면 삶을 버리고 의를 취하겠다. 삶 또한 내가 바라는 바이지만 살고 싶은 것보다 더 바라는 것이 있다. 따라서 구차하게 얻으려 하지 않는다. 죽음은 또한 내가 싫어하는 것이지만, 싫어하는 것 중에 죽기보다 싫은 것이 있다. 따라서 우환 가운데 피하지 않는 우환이 있는 것이다."

이 구절에서 맹자는 물고기 대신 곰발바닥을 취하듯, 사는 것과 의로움을 동시에 구할 수 없다면 의를 선택하고 삶을 버리겠다고 말합니다. 맹자가 말하는 사생취의는 목숨을 버리더라도 의로움을 지키겠다는 굳건한 결의입니다. 즉, 살기를 바라지만 그보다 더 바라는 것이 의로움이며, 죽음을 피하고 싶지만 도덕과 절개를 저버리는 구차한 생명을 유지하기보다 차라리 죽음을 선택하겠다는 것입니다.

진정한 용기와 사랑

자신의 목숨을 걸고 위험에 빠진 이웃을 도왔던 의인들의 행동에는 깊은 사랑과 의로움이 깃들어 있었습니다. 맹자가 말한 것처럼 그들의 마음속에 자리 잡고 있던 사랑과 의로움이 자연스럽게 밖으로 드러난 것입니다. 그러나 누구나 의인이 되기는 어렵습니다. 다만 우리는 다른 이의 팔을 비틀어 밥을 빼앗지 않고, 어려움에 처한 이웃의 아픔을 보듬고 도울 수는 있습니다.

살다 보면 누구나 도움을 주기도 하고 받기도 합니다. 도움을 주거나 받은 적이 없는 사람은 아마 없을 것입니다. 우리는 도움을 받을 때는 예의를 깍듯하게 잘 지키지만, 도움을 줄 때의 예의에는 종종 소홀할 때가 있습니다.

도움을 주는 입장에서도 예의는 매우 중요합니다. 그것은 사람에 대한 존중과 배려의 자세입니다. 주변을 보면 "나는 항상 남에게 잘해주고도 좋은 소리를 못 듣는다"라고 말하는 사람들 있습니다. 만약 내가 그러한 경우라면 도움을 줄 때 상대방을 무시하거나 자존심을 건드린 적이 없는지 스스로 돌아봐야 합니다.

《맹자》에 나오는 것처럼 혀를 차고 꾸짖으면서 도움을 준다면 받는 사람은 기분이 상할 수밖에 없습니다. 어려움에 처한 사람의 약점을 건드리면서 자존심을 상하게 한다면 그 사람은 '도움 따위 필요 없다'라면서 거절하고 싶어질 것입니다. 자존심이 상해도 어쩔 수 없이 도움을 받아야 하는 상황에서는 자신의 처지가 더욱 비참하게 느껴질 것입니다.

의인들이 자신의 목숨을 희생하면서까지 구하고자 한 사람들은 평소 잘 알던 사람도 있었겠지만, 처음 보는 사람인 경우도 많았습니다. 그들의 행동은 위급한 상황에서 망설임 없이 즉각적으로 반응한 결과였습니다. 만약 자신이 위험해질 수 있다는 생각에 잠시라도 머뭇거렸다면 그런 결단을 내리지 못했을 것입니다.

잘 모르는 사람임에도 주저함 없이 행동할 수 있었던 힘은 어디에서 오는 것일까요? 그 힘은 바로 세상 사람을 향한 사랑에서 비롯된 것이 아닐까요? 맹자의 말처럼 사랑과 의로움이 내 마음 속에 깊이 자리 잡고 있었기에 그것이 자연스럽게 행동으로 드러난 것입니다.

오늘날에도 인류애를 가지고 타인을 돕는 사례는 수없이 많습니다. 다리가 무너질 때 다리 입구에서 다른 차량이 진입하지 못하도록 막아서 큰 희생을 막은 운전자가 있었습니다. 교통사고 현장에서 차를 들어 올려 목숨을 구한 주변의 운전자들도 의로운 사람입니다. 길 가던 행인이 갑자기 의식을 잃고 쓰러졌을 때 심폐소생술을 시행해 회복을 도운 사람들, 자신의 휴일을 반납하고 위급한 환자를 수술한 외과의사 등도 의로운 이들입니다.

세상 사람들을 향해 조건 없이 이루어지는 여러 선행과 봉사들도 모두 의로운 행동이라 할 수 있습니다. 어려운 이웃을 위해 성금을 모아 돕고, 헌혈을 하며, 안 쓰는 물건을 나누는 작은 실천들도 의로운 행동의 일환이며, 우리가 지금 당장 실천할 수 있는 사랑의 표현 방법입니다.

진정한 의로움은
타인의 어려움에 주저 없이 손을 내미는 순간 드러난다.

사람으로 태어난 소명을 안다는 것

| 성선설 |

"자기의 마음을 다하면 자기의 본성을 알고,
자기의 본성을 알면 하늘을 알게 된다."

"盡其心者, 知其性也. 知其性則知天矣."

《맹자》, 〈진심상〉 편

"타인은 지옥이다."

철학자 사르트르의 명언이자 2022년에 흥행했던 한 드라마의 이름입니다. 이 드라마가 인기를 끌었던 가장 큰 이유는 흥미로운 스토리와 긴장감 넘치는 전개 덕분도 있겠지만, 타인은 지옥이라는 말이 많은 사람의 공감을 얻었기 때문이기도 한 것 같습니다. 현대 사회에서 우리는 종종 사람들과의 관계 속에서 여러 갈등과 불안을 느끼고, 때로는 타인이 우리에게 고통을 주는 존재로 느껴지기도 합니다. 그렇기에 사르트르의 말이 우리에게 더욱 깊이 다가오는지도 모릅니다.

"과연 인간의 본성은 선한가, 악한가?" 맹자는 이 질문에 대해 명확한 답을 제시합니다. 그는 인간의 본성이 본래 선하다는 '성선설(性善說)'을 주창하며, 우리의 마음 깊은 곳에는 선한 씨앗이 자리하고 있다고 주장했습니다. 이 씨앗은 우리가 아무런 대가를 바라지 않고 누군가를 돕는 순간, 또는 자연스럽게 연민과 공감을 느낄 때 드러나는 것입니다. 이러한 맹자의 말에 따르면, 사람의 본성은 '인의예지(仁義禮智)'라고 합니다.

사실 성선설은 고자의 '자연 인성론'에 대한 비판을 바탕으로 세워졌습니다. 고자는 사람의 본성에는 선악의 구분이 없다고 주장했으며, 이를 후세 사람들은 '성무선악설(性無善惡說)'이라 불렀습니다. 그는 사람이 태어나면서부터 가지고 있는 본성은 단지 식욕과 성욕과 같은 자연적인 속성에 불과하다고 보았습니다.

그러나 맹자는 이러한 고자의 견해에 반대했습니다. 《맹자》의 〈고자상〉 편에서 고자는 다음과 같이 말합니다.

> "인간의 본성은 고여서 맴도는 물과 같아서 동쪽으로 터주면 동쪽으로 흐르고, 서쪽으로 터주면 서쪽으로 흐른다. 인간의 본성을 선과 불선으로 나눌 수 없는 것은 고여서 맴도

는 물에 동서의 구분이 없는 것과 같다."

즉, 사람의 본성은 백지와 같아서 선한 쪽으로 이끌면 선한 인간이 되고, 악한 쪽으로 이끌면 악한 인간이 된다고 본 것입니다. 이는 후천적인 환경이나 교육에 따라 인간의 성격과 행위가 달라진다고 보는 관점입니다. 이에 반대하여, 맹자는 "물에 동서의 구분은 없지만 상하의 구분도 없겠는가? 인간의 본성이 선하다는 것은 물이 위에서 아래로 흘러 내려가는 것과 같다"라고 반박했습니다.

사단으로 보는
선한 인간의 본성

맹자가 사람의 본성은 선하다고 주장하는 근거는 '사단(四端)'이라 불리는 네 가지 마음에서 찾을 수 있습니다.

- **측은지심(惻隱之心)** 다른 사람의 고통을 보고 측은하게 여기는 마음
- **수오지심(羞惡之心)** 자신의 잘못을 부끄러워하고, 남의 잘못을 미워하는 마음
- **사양지심(辭讓之心)** 겸손하게 양보하는 마음

• **시비지심(是非之心)** 옳고 그름을 판단하는 마음

　맹자는 이 네 가지 마음을 인간 본성의 단서로 보았으며, 이를 사단이라 부릅니다. 맹자는 이러한 사단을 키우고 넓혀 나가면 사람의 본성인 인의예지의 덕이 자연스럽게 드러난다고 믿었습니다. 이를 '사단확충설(四端擴充說)'이라고 합니다.

　맹자는 〈공손추상〉 편에서 '사람은 차마 하지 못하는 마음을 가지고 있다'라고 말하며, 인간이라면 누구나 어린아이가 갑자기 우물로 들어가려는 것을 보면 깜짝 놀라며 측은지심을 느낀다고 설명합니다. 이러한 마음이 바로 인간이 본래적으로 지닌 선한 마음이며, 만약 이러한 마음이 없다면 그 사람은 인간다운 존재가 아니라고 보았습니다.

　맹자가 말한 인의예지의 덕이 네 가지 단서, 즉 사단을 통해 드러날 수 있는 이유는 그것이 인간이 태어날 때 천으로부터 부여받은 본성이기 때문입니다. 《맹자》의 〈진심상〉 편에서는 '자기의 마음을 다하면 자기의 본성을 알고, 자기의 본성을 알면 하늘을 알게 되니, 자기의 마음을 보존하고, 그 본성을 함양하는 까닭은 하늘을 받들고 섬기기 위함'이라고 설명합니다. 맹자는 인간의 마음속에 '천리(天理)'가 깃들어 있다고 믿었고, 이를 통해 자신의 본성을 알고, 나아가 하늘을 알 수 있다고 보았습니다.

하늘과 사람이 서로 통한다

맹자는 공자가 주창한 덕치 사상을 현실에서 어떻게 구현할 것인지 깊이 고민했습니다. 맹자는 인을 '사람' 또는 '사람을 사랑하는 것'으로 정의했는데, 이는 공자의 사상과 일치하는 부분입니다.

맹자는 천리에 순응하는 자는 보존되고, 천리를 거스르는 자는 망한다고 주장했습니다. 그렇다면 여기서 말하는 천리란 무엇일까요? 맹자는 공자와 달리 천인관계론에서 천을 상제나 귀신의 측면에서 배제했습니다. 대신 그는 천이 천리나 천명이라는 원리로서 사람의 내면에 본성으로 내재한다고 보았습니다. 여기서 천은 주재자나 인격적인 특성을 지닌 존재가 아닌, 사람의 내면에 깃든 법칙을 의미합니다.

맹자는 천이 사람에게 부여한 본성인 인의예지를 천리로 보았으며, 인간이 수양을 통해 이 천리를 드러내는 것이야말로 천명을 따르는 것이라고 주장했습니다. 이를 통해 맹자는 천도(天道)와 인도(人道)를 연계시켜서 '천과 인이 서로 통한다'라는 '천인상통(天人相通)'의 관점을 제창했습니다.

일본의 유명한 중국사상연구가인 모리 미키사부로는 《중국사상사》에서 맹자가 성선설을 제창한 이유를 다음과 같이 분석했습니다.

"첫째, 맹자의 정치학설이 이를 요구한다. 맹자는 덕과 예에 의한 정치라는 공자의 사상을 그대로 계승했다. 덕에는 강제력이 전혀 없고, 예는 어느 정도의 구속력은 갖지만 그 힘은 약하다. 만일 인간의 본성이 악하다고 하면 덕이나 예는 쓸모가 없고 법만이 유력한 수단이 될 것이다. 둘째, 좀 더 근본적인 이유로서 맹자가 전통적인 범신론의 세계관 위에 서있었다는 것을 들 수 있다. 하늘을 비인격화하고, 만물 속에 내재하게 되면서 인간 안에도 깃든 것이다. 인간 속에 있는 하늘은 다름 아닌 천성이다."

모리의 통찰은 매우 예리합니다. 덕치와 왕도정치를 주장한 맹자의 입장에서 인간의 본성을 악하게 본다면 그의 사상체계는 일관성을 지니기 어렵게 됩니다.

모리는 맹자의 성선설에 대해 깊이 있는 분석을 제시하면서도 그 한계를 지적합니다. 예를 들어, 〈고자상〉 편에는 '풍년에는 젊은 사람들이 많이 착하고, 흉년에는 젊은 사람들이 많이 포악하다'라는 구절이 있습니다. 여기서 맹자는 사람은 환경에 따라 포악해질 수 있다고 보았습니다.

모리는 이 구절을 통해 "가난이라는 환경이 선한 인간을 악에 빠지게 할 수 있다"라는 사실을 지적하며, 외부 환경이 인간의 도덕성에 큰 영향을 미친다는 점에서 성선설의 한계를 드러낸다고 주장합니다. 인간이 환경에 따라 악으로 기울 수 있다면, 본성 속에 악을 지향하는 성질이 내재된 것은 아닌가 하는 질문을 던지며, 성선설이 악의 기원을 충분히 설명하지 못한다고 비판합니다. 모리의 이러한 분석과 비판은 맹자의 성선설의 출발점과 한계점을 비교적 정확하게 파악한 것이라 할 수 있습니다.

성선설에 대한 또 다른 비판으로는, 맹자의 성선설이 인간 본성을 지나치게 이상적인 관점으로 보고 있다는 지적이 있습니다. 이 관점은 인간의 도덕적인 성향을 강조하는 반면, 인간의 복잡한 본성을 단순화하고, 식욕과 성욕과 같은 생물학적 욕구를 배제하는 경향이 있습니다. 또한, 맹자의 성선설은 교육의 중요성을 약화하는 측면도 있습니다. 인간의 본성이 선하다면 교육의 필요성이 낮아질 수 있다는 비판입니다.

인간은 선한 행동을 할 수도 있고, 악한 행동을 할 수도 있는 복잡한 존재입니다. 따라서 인간의 본성을 단순히 선하거나 악하다고 정의하는 것은 무리가 있습니다.

세상을 변화시키는 긍정적 인간관

네덜란드의 대표 저널리스트인 뤼트허르 브레흐만이 《휴먼카인드》를 통해 인간 본성을 악하고 어둡게만 보려는 사람들의 관점을 바꾸려고 시도한 이유는 인간의 선한 측면을 부각시켜서 이를 확장시키고자 한 것입니다. 인간의 본성을 긍정적으로 바라보기 시작하면 그것은 더욱 현실이 될 가능성이 크다고 보는 것입니다.

맹자의 성선설 역시 이와 같은 맥락에서 이해할 수 있습니다. 그는 악한 행동에 가려진 선하고 친절한 성향을 부각시키고 믿게 함으로써 세상을 보다 긍정적으로 변화시키고자 한 것입니다. 사람이 지닌 측은한 마음의 끝자락을 잡아서 그 마음을 놓지 않고 키워 간다면, 남을 사랑하는 마음을 확장시킬 수 있다고 생각한 것이지요. 맹자는 그렇게 사랑과 의로움을 지닌 사람들이 세상에 많아진다면 참담한 시대를 극복할 수 있으리라고 보았습니다.

이처럼 본성을 선하게 보려는 관점은 사회에서 선한 영향력을 촉발시키고 세상을 좀 더 살만한 곳으로 만들 수 있는 가능성을 열어 줍니다.

불변의 지혜

세상을 긍정적으로 변화시키는 첫걸음은
인간의 내면에 자리한 선한 본성을 믿고 키워가는 것이다.

"물도 노력도 가득 차야
앞으로 나간다"

❖ ⛊ ❖

| 수양론 |

"흐르는 물은 웅덩이가 차지
않으면 흘러가지 않으니,
군자가 도에 뜻을 두어도 문장을 이루지 않으면
통달하지 않는다."
"流水之爲物也, 不盈科不行, 君子之志於道也, 不成章不達."

《맹자》, 〈진심상〉 편

어느 날 제자인 서자가 맹자에게 다음과 같이 질문했습니다.

"공자께서는 자주 물을 가지고 말씀하시며 '물이여, 물이
여!'하셨는데, 물의 어떤 점을 취하신 것입니까?"

"근원이 좋은 물은 힘차게 밤낮을 그치지 않고 흘러서, 비워진 웅덩이를 만나면 가득 채워주고 앞으로 나아가 사해에 이른다네. 근본이 있는 것은 이와 같으니, 이 점 때문에 취하신 것이네."

그리고 뒤이어 말합니다.

"만일 근본이 없다면 7, 8월 사이에 빗물이 모여서 도랑이 가득 차더라도 그것이 마르는 것은 서서도 기다릴 수 있을 만큼 잠깐이라네. 그러므로 명성이 실제보다 지나치는 것을 군자는 부끄러워하는 것이네."

이와 비슷한 구절이 〈진심상〉 편에도 나옵니다.

"흐르는 물은 웅덩이가 차지 않으면 흘러가지 않으니, 군자가 도에 뜻을 두어도 문장을 이루지 않으면 통달하지 않는다."

맹자는 여기에서 두 가지 점을 강조하고 있습니다. 하나는 근본의 중요성입니다. 근본이 없는 것은 한순간에 말라버리는 물과 같습니다. 근본이 없는 사람은 잠시 명예를 얻었다가도 그것이 오래 가지 못하게 됩니다. 맹자는 이러한 예를 관직을 얻기 위해서만 수양을 하는 당시의 선비들에게서 발견했습니다.

맹자에 의하면 옛날 사람은 하늘로부터 받은 도덕성을 닦고 수양했더니 관직이 저절로 따라왔습니다. 그런데 맹자 당시의 사람들은 관직을 얻기 위해서 수양을 하고, 관직을 얻고 나면 도덕성을 버린다는 것입니다. 이렇게 되면 반드시 관직마저 잃게 될 것이라고 비판합니다. 이를테면 도덕성을 닦는 자기 수양이 현세의 관직을 구하고, 명성을 얻기 위한 도구가 되는 것을 경계하라는 의미입니다. 그렇게 얻은 관직은 근본이 없어서 오래 가지 못 할 테니까요.

다음은 학문은 쉽게 이루어지는 것이 아니며, 지속적이고 점진적인 과정을 거쳐야만 한다는 것입니다. 웅덩이에 물이 고여서 웅덩이를 가득 채운 다음에 비로소 물이 앞으로 나아갈 수 있는 것처럼 말이지요. 웅덩이에 물이 고이는 동안 그 물은 제자리에 머뭅니다.

학문을 익히고 수양하는 과정도 이와 같아서 아무리 해도 늘 제자리에 있는 것처럼 느낄 수가 있습니다. 그런데 웅덩이를 가득 채우는 순간, 물이 앞으로 흘러 나가게 됩니다. 드디어 제자리를 벗어나는 질적인 비약이 찾아옵니다. 학문의 양이 차곡차곡 쌓여서 학문의 질적인 도약을 이끌어낼 수 있게 됩니다.

수양은 개인의 내면을 깊이 있게 들여다보고, 자신을 객관적으로 바라 볼 수 있게 만드는 마음공부의 과정입니다. 자신을 더 나은 존재로 만들어서 삶의 질을 높이는 길입니다.

맹자는 모든 사람은 성인이 될 수 있다고 생각했습니다. 하늘로부터 받은 선한 본성을 수양을 통해 드러내고, 이것을 부단히 키워간다면 누구나 성인이 될 수 있다고 본 것입니다.

맹자가 생각하는 이상적인 모습은 대장부입니다. 맹자는 수양을 통해 대장부가 되고자 했는데, 대장부가 되기 위해선 호연지기를 길러야 합니다. 이 과정은 빈 웅덩이를 만나면 가득 채운 뒤에 앞으로 흘러가는 물과 같이 부단한 정진을 요구합니다.

> "천하의 넓은 집을 거처로 삼고, 천하의 바른 자리에 서서, 천하의 큰 도를 실천한다. 뜻을 얻어서 관직에 나가면 백성들과 함께 그 길을 가고, 뜻을 얻지 못하면 홀로 그 도를 실천한다. 부귀도 그의 마음을 흔들 수 없고, 빈천도 그를 굴복시킬 수 없다. 이런 사람을 대장부라 한다."

이 말은 〈등문공하(滕文公下)〉 편에 실려 있는데, 경춘이라는 사람이 종횡가인 공손의와 장의를 대장부라고 칭찬한 걸 맹자가 반박하면서 나온 구절입니다. 종횡가로 불리는 공손의와 장의는 전국시기의 외교 전문가로서 제후들을 연합하거나 제후들의 연합을 깨기도 하는 등의 활약을 한 인물입니다. 세상 사람들의 시선에는 제후들을 쥐락펴락하는 이들이야말로 대장부로 비쳤을 것입니다.

맹자가 보기에 공손의나 장의와 같은 사람은 진정한 대장부가 아니었습니다. 그들은 자신을 고용한 제후들에게 복종하며 상황에 따라 이익을 챙기는 사람에 불과했습니다. 맹자가 생각하는 대장부는 백성과 함께 의로움을 실천하는 사람이었습니다.

주희는 《맹자집주(孟子集註)》에서 맹자가 말한 넓은 집을 인으로, 바른 자리를 예로, 큰 도를 의로 해석했습니다. 이것은 맹자가 인을 집에 비유하고, 의를 길에 비유한 것에서 기인한 것입니다. 주희의 주석을 기초로 보자면 대장부는 백성을 사랑하는 마음을 품고, 문화적인 규범을 준수하면서, 올바름을 실천하는 사람이 됩니다.

맹자가 보기에 뜻을 가지고 관직에 나가는 이유는 백성을 올바르게 이끌고 함께하기 위해서이지 군주를 섬기기 위해서가 아닙니다. 세상이 나를 알아주지 않아서 벼슬에 나가지 못한다면 혼자서 도덕을 실천하며 살면 됩니다. 부귀와 빈천에 흔들리거나 포기하지 않으며 자신이 옳다고 여기는 신념을 지키고 사는 사람이 대장부인 것입니다.

호연지기를 기르는 방법

호연지기란 거침없는 넓고 큰 기개를 의미합니다. 맹자와 그의 제자 공손추가 나눈 다음의 대화를 보면 호연지기가 무엇인지 잘 알 수 있습니다.

"선생님은 어떤 점이 뛰어나십니까?"

"나는 말을 잘 알며, 호연지기를 잘 기르고 있다."

"호연지기가 무엇입니까?"

"말로 표현하기 어렵다. 호연지기는 지극히 크고 강하며 올바르게 길러서 상하게만 하지 않는다면 하늘과 땅 사이에 가득 차게 된다."

또한, 맹자는 호연지기를 기르기 위해서 잊지 말아야 할 것이 있다며 다음과 같이 당부했습니다.

"반드시 해야 할 일을 하면서 미리 기대하지 말고, 그렇다고 잊어선 안 되고, 함부로 조장을 해서 송나라 사람처럼 해서는 안 된다."

여기서 맹자가 말하는 송나라 사람은 벼의 싹이 자라지 못하는 것을 안타깝게 여겨 아예 뽑아놓았던 이를 가리킵니다. 그는 집에 돌아와서 집안사람들에게 "오늘 내가 매우 피곤하다. 내가 벼의 싹이 자라도록 도왔다"라고 말합니다. 그 말을 들은 아들이 논으로 달려가 보니 벼의 싹이 모두 뽑혀 말라 있었다는 이야기입니다.

이 이야기는 《맹자》의 〈공손추상〉 편에 나오는 호연지기와 '조장'에 대한 이야기입니다. 호연이란 물이 그침이 없이 흐르는 모양입니다. 맹자에 따르면 호연지기는 하루아침에 생기는 것이 절대 아닙니다. 의로운 행동을 꾸준히 실천하면서 날마다 쌓아가야 호연의 기상을 키워갈 수 있습니다. 호연지기를 키우는 과정에서 경계해야 하는 행동이 몇 가지 있습니다.

첫째, 꼭 이루어지기를 기약해서는 안 됩니다. 반드시 이루어야 한다는 마음의 자세를 '기필한다'라고 합니다. 공자는 수양법의 하나로 무필(毋必)을 말했는데, 이것도 기필하지 말라는 의미입니다. 왜 기필하지 말아야 할까요? 꼭 이루겠다는 생각은 집착을 낳고 과도한 긴장과 부작용을 불러옵니다. 이렇게 되면 여유와 유연함을 잃기 쉬우며 시야도 좁아져서 전체를 보지 못하는 결과를 초래합니다.

둘째, 잊어서는 안 됩니다. 자신이 이루고 싶은 일을 항상 마음에 지니고 살아야 합니다. 내가 추진하던 일이 바로 가시적인 성과를 얻지 못한다고 해서 쉽게 먹었던 마음을 버리지 말아야 합니다. 친구의 말 한마디에 기가 꺾여서는 호연지기를 키울 수가 없습니다.

셋째, 일을 조장해서는 안 됩니다. 맹자는 자라나지 않은 싹을 기다리지 못하고 미리 뽑아 올려서 말라죽게 만드는 것은 해치는 행위이고, 김을 매지 않는 것은 내버려 두는 거라고 했습니다. 김을 매지 않고 버려둔다면 벼가 알찬 열매를 맺을 수 없겠지요. 방치하지 않고, 또 조장도 하지 않아야 벼가 잘 자라날 것입니다.

〈이루하(離婁下)〉 편에서 맹자는 또 다음과 같이 말합니다.

> "사람이 하지 않음이 있은 뒤에야 하는 것이 있을 수 있다."

이 말은 '해서는 안 되는 일은 하지 않는 지조가 있어야 원하는 바를 제대로 성취할 수 있다'라는 의미입니다. 달리 말하면 할 일과 하지 말아야 할 일을 구별해서 취사선택할 수 있는 사람만이 성공할 수 있다는 것입니다. 이것은 마치 논과 밭에서 잡초를 뽑는 행위와 견줄 수가 있습니다. 내 삶에서 무익한 습관을 버리고 유익한 습관을 유지하는 노력이 필요합니다.

인생의 흐름을 이해하라

흐르는 물이 웅덩이를 가득 채워야만 비로소 앞으로 나갈 수 있다는 맹자의 말은 학문하는 자세를 넘어서 인생 전반에 걸친 지혜와 통찰을 담고 있습니다.

첫째, 어떤 현상이 나타날 때 그것은 하루아침에 갑자기 생긴 일이 아니라는 사실입니다. 웅덩이에 물이 차는 동안 주변에서 미처 몰랐을 뿐입니다. 세상은 물이 흘러넘치고 나서야 알아볼 수 있습니다. 물이 차오르는 동안은 자기 자신만 알 수 있습니다.

이것은 개인의 심경 변화에서부터 온갖 사회현상에 이르기까지 마찬가지로 적용이 됩니다. 가까운 사람이 생각지도 못 한 말을 건넨다면 그동안 드러내지 않았을 뿐이지 그 사람은 남몰래 무수한 시간 동안 고민했다는 것을 알아야 합니다. 겉으로 보이는 사건에는 이면이 항상 존재하며 지나온 시간이 있음을 헤아릴 수 있어야 합니다.

둘째, 학문과 수양은 하루아침에 이루어지지 않는다는 것입니다. 수양을 하는 것도 학문을 닦는 것과 마찬가지로 지속적이고 점진적인 과정을 거쳐야 합니다.

흐르는 물이 웅덩이를 만나서 웅덩이를 다 채울 때까지 멈추면 안 됩니다. 우리가 날마다 자신의 마음을 들여다보고 수양을 하는 것은 하루아침에 자신의 삶을 바꾸기 위한 것이 아닙니다. 성급하게 어떤 변화가 생기기를 바라지 말고 자연스럽게 마음과 품성이 개선되기를 기다려야 합니다.

매일매일 꾸준히 자신의 내면을 들여다보고 다스리면서 성찰해야 합니다. 그것은 웅덩이에 물을 채워 나가는 과정과 같습니다. 만약 웅덩이를 다 채우기도 전에 물이 멈추게 되면 앞으로 흘러 갈 수 없습니다.

어느 날 공부와 수양이 충분히 갖추어지게 되어서 그 웅덩이로는 물을 담아낼 수 없게 되면, 저절로 세상으로 흘러 넘쳐서 드러나게 될 것입니다. 이처럼 맹자는 흐르는 물의 이치를 가지고 수양하는 사람들에게 "너무 서두르지 않으면서, 쉼 없이 꾸준히 지속해 나가라"라고 말하고 있습니다.

불변의 지혜

진정한 성장은 꾸준히 자신을 채우는 과정에서 이루어진다.
서두르지 말고 쉼 없이 지속하라.

인생 후반의 근심이
오히려 고마운 이유

| 우환의식 |

> "우환 때문에 살고
> 안락 때문에 죽는다."
>
> "生於憂患, 死於安樂."
>
> 《맹자》, 〈고자하(告子下)〉 편

우환(憂患)이란 근심이나 걱정을 말합니다. 흔히 '집안에 우환이 들었다'라고 할 때의 우환은 좁은 의미에서 가정에 나쁜 일이 생겼거나, 아픈 가족이 있어서 근심거리가 있다는 의미로 쓰입니다. 크건 작건 간에 인생에서 우환은 달갑지 않은 존재입니다.

특히 몸이 아프거나 불편한 건 너무 힘든 상황입니다. 이에 못지않게 마음이 불편한 것도 사람을 괴롭게 하죠. 그래서 뭐니 뭐니 해도 속 편한 게 최고라고 하나 봅니다. 사람들은 근심이 없는 날, 걱정이 없는 삶을 꿈꾸지만 과연 그런 세상이 존재할까요?

현대인들은 누구나 걱정거리 하나쯤은 가지고 있습니다. 남부러울 것 없어 보이는 재력가나 고위층이라도 예외는 없을 듯합니다. 돈과 권력이 있으면 있어서 걱정, 없으면 없어서 걱정입니다. 그런데 이 우환을 삶의 원동력으로 본 사상가가 있었습니다. 바로 맹자입니다.

맹자는 "우환 때문에 살고 안락 때문에 죽는다"라고 합니다. 《맹자》의 〈고자하〉 편에 실려 있는 이 말은 사람이란 근심과 걱정 속에서 살아가는 동력을 얻고, 안정과 즐거움 속에서 퇴보하며 죽게 된다는 의미입니다.

예나 지금이나 누구든지 크고 작은 고민과 근심을 가지고 살아가지만, 그 근심을 해결하기 위한 노력 속에서 개인과 집단이 성장합니다. 우환은 요즘 말로 스트레스라고 볼 수 있는데, 스트레스는 사람의 심신을 아프게 하나 약간의 스트레스는 오히려 작업의 능률을 올리기도 한다는 연구 결과도 있습니다.

이유 없는
좌절은 없다

우환 때문에 산다는 말이 실린 단락은 역사 속에서 뛰어난 업적을 남긴 인물들의 나열로 시작합니다. 그 인물들은 하나같이 어려웠던 시절을 경험했습니다. 고대의 성왕 순임금은 밭고랑과 밭이랑 가운데서 일어났고, 은나라의 재상 부열은 성을 쌓는 부역을 하던 중에 등용되었습니다. 그리고 교격은 난리를 만나 어물과 소금을 팔았는데 문왕이 등용하였고, 제나라 환공을 패자로 만든 관중은 옥에 갇혔다가 등용되었습니다. 또 초나라의 명신 손숙오는 외딴 바닷가에서 은거하던 중에 등용되었고, 진나라의 재상 백리해는 저자거리에서 등용되었다고 합니다. 그리고 이러한 인물의 출신을 열거한 이유가 바로 이어서 나옵니다.

> "장차 하늘이 그 사람에게 큰 임무를 내리려 할 때는 반드시 먼저 그의 마음과 뜻을 괴롭게 하고, 근육과 뼈를 수고스럽게 하며, 몸을 굶주리게 하고, 신체를 궁핍하게 하며, 그가 하고자 하는 바를 어긋나게 해 어지럽힌다. 이는 마음을 분발하게 하고 성품을 참을성 있게 만들어서, 그가 할 수 없는 일을 더 잘할 수 있도록 해 주는 것이다."

여기에서 맹자는 역사 속의 큰 인물들이 성군으로 칭송받거나, 또는 뛰어난 재상이 될 수 있었던 이유가 고난 속에서 단련되었기 때문이라고 밝힙니다. 맹자에 따르면 하늘은 큰 임무를 내리기 전에 먼저 마음을 힘들게 하고 그다음 몸을 힘들게 합니다. 고된 노동을 통해 뼈와 근육을 단련시키고, 가난을 경험하게 해 배고픔과 궁핍을 통해 음식의 고마움과 돈의 가치를 알게 할 것입니다. 이뿐만이 아닙니다. 하늘은 그가 생각한대로 순조롭게 일이 진행되도록 두지 않습니다. 이 방향이 맞는지, 이 선택이 최선인지 혼란스럽게 만들기도 하고요. 임무를 포기할 만한 일들이 자꾸만 치고 올라와 나의 의지를 흔들어 놓기도 합니다.

이렇게 하는 이유는 동심인성, 즉 '마음을 분발하게 하고 성품을 참을성 있게 만들기 위해서'입니다. 맹자에 따르면 심신을 괴롭히는 고생이야말로 자신의 한계를 넘어서게 만들어주는 하늘의 기회인 것입니다. 이어서 맹자는 실패의 경험이 사람을 성장시킨다고 합니다.

> "사람들은 항상 잘못을 저지르고 난 뒤에야 고친다. 마음에 곤란을 겪고, 생각이 (도리에) 어긋나는 일을 거친 뒤에야 떨치고 일어난다. 안색에 드러나고 (꾸짖는) 말소리가 나타난 뒤에야 깨닫는다."

여기서 맹자는 잘못을 범한 이후에 그 잘못된 점을 고치는 것에 주목합니다. 자신의 생각과 판단의 실수로 일이 틀어지면 속이 상하고 좌절감마저 들게 됩니다. 그런데 맹자는 실수와 잘못의 과정을 지나야 떨쳐 일어날 힘이 생긴다고 보았습니다. 급기야 누군가가 나의 잘못에 화를 내거나 꾸짖는 순간 깨닫게 된다고 합니다.

평범한 사람들은 자신이 잘못을 범했다는 사실에 매몰되기 쉽습니다. 스스로 낙인을 찍고 벗어나오지 못하기도 합니다. 가장 중요한 것은 잘못된 생각이나 행동 이후의 자세입니다. 실패의 원인을 분석하고, 반성하고, 똑같은 잘못을 두 번 하지 않으면 됩니다.

고난과 실패 속에서 깨달음과 성장의 동력을 볼 줄 아는 긍정적인 시선이야말로 맹자의 비범함이 아닐까요? 맹자는 사람의 본성 가운데서 선한 면을 발견하고 그것을 드러내려 했던 사상가입니다. 맹자가 성선설을 주장할 수 있었던 것은 이처럼 어떤 상황 속에서도 긍정적인 힘을 보았기에 가능했습니다.

삶에 적극적으로
개입하고 개선하라

대만의 학자 쉬 푸 꾸안은 유가 사상의 밑바탕에는 어떤 특징적인 의식이 깔려있다고 생각했습니다. 그는 이러한 의식을 '우환의식'으로 규정하고, 이 용어를 처음 사용합니다. 유가의 우환의식은 종교적인 정서의 기반이 되는 두려움과 구별되는데, 유가의 강렬한 도덕의식을 견인한 일종의 '정신적인 자각'입니다. 즉, 자신의 도덕적 완성에 책임을 지려는 의식 형태라고 볼 수 있습니다.

이를 바탕으로 사회 속에서 자신의 역할을 자각하고 나아가 역사에 공적을 남기고자 노력했습니다. 이렇듯이 유가는 도덕적인 자기 수양과 완성을 통해 사회에 이바지하겠다는 사명감을 지녔는데, 그것이 이루어지지 않는 것을 늘 근심하고 경계하면서 스스로를 채찍질했습니다.

《논어》에는 공자의 우환의식을 엿볼 수 있는 대목이 실려 있습니다. 공자는 '덕을 닦지 못하는 것과, 학문을 익히지 못하는 것과, 의를 듣고도 실천하지 못하는 것과, 옳지 못한 점을 고치지 못하는 것을 근심한다'라고 말했습니다.

그런데 유가의 우환의식은 단순히 개인의 수양에 국한된 염려는 아닙니다. 세상을 생각하고 염려하는 큰마음으로 확장한 의식입니다. 예를 들면, 상나라를 정벌한 주나라 사람들은 승리의 기쁨에 들뜨기보다 오히려 천하가 안정되지 않은 것을 근심했다고 합니다. 마찬가지로 다음의 인용문에서 언급되는 맹자의 우환도 한 개인의 일상적인 염려가 아닌 군자가 평생을 지녀야 할 근심을 말하고 있습니다.

"군자는 종신의 우환은 있으나 하루 아침나절의 우환은 없다. 만약 근심하는 바라면 이런 것이 있으니 순임금도 사람이고 나 역시 사람인데 순임금은 천하에 법도를 펴서 후세에 까지 전해지는데, 나는 아직도 향인이 하는 노릇을 면하지 못하고 있으니 이것이 근심스러운 일이다."

맹자는 순임금을 자주 언급하는데, 순임금은 맹자가 존경하고 본받고자 한 인물이었습니다. 여기서 맹자가 말하는 우환은 결코 사소한 염려가 아니었습니다. 순임금의 업적을 후세의 사람들이 기억하듯이, 맹자도 역사에 기억되는 존재이기를 원했나 봅니다. 그런데 아무런 공적도 남기지 못해서 후세의 사람들이 자신을 기억하지 못할까봐 평생을 두고 근심한다는 것입니다.

실패에
집착하지 말라

후세에 좋은 이름을 남기지 못할까 봐 근심하는 맹자의 우환이나 세상을 염려하는 큰마음으로써 유가의 우환의식은 일반인들과는 거리가 있습니다. 일반인들에게는 전력을 다해도 얻기 어려운 업적을 추구하기보다 차라리 눈앞의 현실에서 자신의 인생을 어떻게 잘 꾸려 가느냐가 중요하기 때문입니다.

맹자가 말한 우환 때문에 산다는 의미는 우환이 있어야 사는 것이 아니라, 우환을 극복할 때 살아가는 힘이 커진다는 거겠죠. 맹자는 고생과 실패를 경험해 본 사람만이 강인한 생명력을 지니게 된다고 보았습니다. 반면에 편안하고 즐겁기만 한 생활은 나약한 사람을 만듭니다. 그래서 안락을 죽음으로 가는 지름길로 본 것입니다. 현대인 가운데 특정 음식을 너무 많이 먹거나, 너무 움직이지 않아서 병이 생기는 경우가 있습니다. 이것이 바로 안락 때문에 죽는 경우가 아닐까요?

우리가 단련과 성장을 위해 애써 고난과 역경을 찾아다닐 필요는 없지만 나에게 다가온 고생을 피할 수 없다면 좀 더 긍정적으로 대면해 보는 방법이 있습니다. 씩씩하게 어려움을 이겨내고 나면, 이 난관도 넘어섰는데 뭐는 못할까 하는 자신감이 생기게 됩니다.

인생을 살다 보면 나에게 변화와 발전이 일어나는 순간을 알아차릴 때가 있습니다. 추진하던 일이나 매진하던 공부가 너무 힘들어서 그만두고 싶을 때, 포기하고 싶은 마음이 간절하지만 그래도 멈추지 않고 한 발을 더 내딛었을 때 마주하게 됩니다. 스스로 "왜 잘 안 되지?"라는 생각이 든다면 바로 포기하지 말고 조금만 더 진행해 보세요. 그러면 자신이 한 단계 업그레이드되는 순간을 만날 수 있습니다.

"잘못을 범해야 고친다"라고 했던 맹자의 말처럼 실수나 실패를 너무 두려워 할 필요가 없습니다. 지인 중에 한 분이 예전에 가게를 크게 차렸다가 완전히 망한 적이 있는데, 그 지인은 한 번이라도 망해 본 적이 없는 사람과는 말을 말아야 한다고 합니다. 그는 매사에 아등바등하기보다는 덤덤하게 반응을 하는 경향이 있었습니다. 전 재산을 걸고 시작한 사업이 실패한다는 것은 인생에 있어서 큰 아픔이지만, 그 과정을 겪고 일어선 사람은 누구보다도 성숙한 삶을 살 가능성이 있습니다. 그리고 바닥을 경험한 사람은 바닥이 어떤지 알기에 그다지 두려울 것도 없습니다.

　실패를 극복했다고 해서 모두가 크게 재기하는 것은 아니겠지만, 대다수의 사람은 실패를 경험하는 과정에서 많은 것을 느끼고 배우게 됩니다. 맹자의 말처럼 화를 내며 꾸짖는 소리를 듣는 그 순간에 우리는 무언가를 깨달을 수 있습니다. 내가 무엇을 놓쳤는지, 어떤 역량을 더 키워야 하는지, 다시 하게 되면 어떤 점을 주력해야 하는지를 생각하게 될 것입니다. 그리고 이런 어려웠던 경험을 통해서 아주 중요한 교훈과 깨우침을 얻었다는 것을 알게 됩니다.

불변의 지혜

우환은 피할 수 없는 삶의 동반자이다.
이를 받아들이고 극복하는 과정에서 우리는 더 강해지고 지혜로워진다.

3장

"내가 바르면
천하가
뒤따른다"

순자의 처신

"사람은 스스로 타고난 바를 바꿀 수 있다"

| 성악설 |

"사람의 본성은 악하니
그 선한 것은 '위'이다."

"人之性惡, 其善者僞也."

《순자》, 〈성악(性惡)〉편

당신이 친구에게 돈을 빌려주었는데 약속한 날짜에 돈을 돌려받지 못했다고 가정해 봅시다. 이때 당신은 친구가 날짜를 착각했을 것이라고 믿을까요, 아니면 친구의 행동에 다른 숨은 의도가 있다고 의심하게 될까요?

사람을 어떻게 바라보느냐는 단순히 철학적 질문이 아니라 우리 삶과 깊이 연관된 중요한 문제입니다. 우리가 사는 세상에서 주위의 사람들은 믿을 수 있는 존재일까요, 아니면 언제든지 의심해야 할 존재일까요? 이러한 질문은 일상 속에서 일어나는 수많은 선택과 결정에 영향을 미칩니다.

전국시대의 사상가 맹자와 순자는 이러한 상황에서 내릴 결정과 관련해 서로 다른 답을 내놓았습니다. 맹자는 '인간의 본성은 선하다'라고 주장하며, 사람은 모두 남에게 차마 하지 못하는 마음을 지녔다고 했습니다. 이런 관점을 가진 사람이라면 친구의 입장을 먼저 들어 보고 문제를 해결하려 할 것입니다.

반면, 순자는 '인간의 본성은 악하다'라고 하며 사람은 나면서부터 이득을 좋아하게 되어 있다고 경고했습니다. 순자의 관점을 따른다면 친구를 행동을 경계하고 이러한 상황이 다시 발생하지 않도록 철저한 대비책을 세우려 할 것입니다.

이처럼 인간 본성을 향한 우리의 믿음은 우리가 세상을 살아가면서 내리는 선택과 사람들과의 관계 형성에 직접적인 영향을 미칩니다. 사람을 어떤 존재로 규정하느냐는 우리 삶의 모든 측면에 스며들어 우리의 행동과 결정에 깊이 관여하게 됩니다.

교육과 문화의 중요성

《순자》의 〈성악〉 편은 '사람의 본성은 악하니 그 선한 것은 위

(인위)이다'라는 문장으로 시작하며, 이 문장은 〈성악〉 편에서 여러 차례 반복됩니다.

성악설은 순자가 맹자의 성선설을 비판하며 전개한 이론입니다. 여기서 주의할 점은 순자가 말한 '악(惡)'이 윤리적인 선악을 뜻하는 것이 아니라는 점입니다. 이 악은 사회질서에 반한다는 의미에서의 악입니다. 즉, '사람은 악하게 태어난다'라는 것이 아니라, '사람은 사회질서에 반하는 욕망을 갖고 태어난다'라는 의미로 악이라고 표현한 것입니다. 맹자가 선험적이고 윤리적인 측면에서 성선을 논했다면, 순자는 사회적인 관점에서 질서에 반하는 성향으로서 성악을 논한 것입니다.

순자가 말한 '성(性)'은 사람이 태어날 때부터 가지고 있는 자연적인 속성, 즉 본성을 뜻합니다. '위'는 '인위'로 이해할 수 있는데, 오늘날의 개념처럼 자연스럽지 않고 가공되거나 꾸며진 모습을 의미하는 것이 아니라 사람의 노력이 가해진 문화 전반을 가리킵니다. 여기에는 교육, 윤리도덕 관념, 예악 등이 포함됩니다.

순자는 인간이 태어날 때 '눈이 색을 좋아하고, 귀가 소리를 좋아하며, 입이 맛을 좋아하고, 마음이 이득을 좋아하며, 온몸이 안락을 좋아하는' 성정을 타고 난다고 보았습니다. 그리고 성은 '내가 어찌할 수 없는 것이지만, 그렇다 하더라도 변화시켜 바꿀 수 있는 것'이라고 생각했습니다. 바로 인위를 통해서 말입니다.

또한, 본성과 인위의 상호 작용관계를 밝히면서 "본성이란 원시적이고 소박한 재질이고, 인위는 꾸미는 일의 융성한 상태다. 본성이 없다면 인위가 가해야 할 데가 없고, 인위가 없다면 본성이 스스로 아름다워질 수도 없다"라고 말합니다. 다시 말해, 본성과 인위는 서로 필요로 하는 존재이며, 인위가 가해지지 않은 본성은 타고난 재질 그대로일 뿐이어서 아름답지 않다는 것입니다.

순자는 성악설을 통해 인간의 악한 본성보다 인위의 중요성을 강조하고자 했습니다. 인위의 작용으로 사람이 사회를 이루고 발전할 수 있다는 것을 말하고자 한 것입니다. 이러한 논설을 펼친 이유는 인간에 대한 이해보다 질서 잡힌 강한 사회를 만드는 것에 주안점을 두었기 때문입니다.

굶주리면 배불리 먹으려 하고, 추우면 따뜻하게 입으려 하며, 피로하면 쉬려 하는 것은 인간의 타고난 성정입니다. 순자는 사람의 본성은 처음에는 예의가 없다고 보았으며, 그렇기에 힘써 예의를 배워야 한다고 주장했습니다. 순자가 말하는 덕은 맹자가 말한 타고난 본성이 아닌 수양과 학습을 통해 만들어지는 덕목을 의미합니다. 그는 타고난 자연성을 본성이라 하고, 수양과 학습을 통해 예의와 같은 덕목을 지니게 하는 것을 인위적인 행위라고 구분했습니다.

따라서 순자는 선천적인 본성을 예의와 도덕을 지닌 후천적인 인성으로 개조하고 교화할 것을 강조했습니다. 그는 이 과정에서 '본성을 변화시켜 문화를 일으키며 예의 법도를 제정해서 사람들

을 교화하고, 사회질서를 실현할 수 있도록 이끄는 존재'가 성인
이라 여겼습니다.

순자가 보기에 군자와 소인의 본성은 동일하지만, 사회적 학습
을 통해 문화를 일으키고 예의를 만드느냐에 따라 군자가 되기도
하고 소인이 되기도 합니다. 요·순·우와 같은 성왕이 걸이나 도
척과 달랐던 이유가 바로 본성을 변화시키고, 인위를 일으켜 예
의를 만들었기 때문이라는 것입니다.

성악인 이유와
환경의 중요성

순자에 따르면 사람은 자신에게 없는 것을 외부에서 찾으려는
경향이 있습니다. 예를 들어, 천박한 사람은 중후해지기를 원하
고, 못생긴 사람은 아름다워지기를 원하며, 협소한 환경에서는
넓은 곳을 원하고, 가난한 사람은 부유해지기를 원하며, 미천한
사람은 고귀해지기를 원합니다. 이러한 관점에서 보면 사람이 선
하기를 바라는 것은 그 본성이 악하기 때문이라고 할 수 있습니
다. 따라서 순자는 사람은 처음부터 예의가 없이 태어난 존재이
기에 예의를 갖추기 위해 힘써야 한다고 주장합니다.

또한, 순자는 환경의 중요성도 언급합니다. 〈성악〉 편의 마지
막 장에서 도지개, 숫돌, 채찍질 등의 역할을 비유하며 주변 환경

이 얼마나 중요한지를 설명합니다.

> "옛날의 좋은 활은 훌륭한 도지개가 없었다면 만들어 질 수 없었으며, 명검도 숫돌에 갈지 않았다면 날카로워질 수 없고, 사람의 힘이 가해지지 않는다면 사물을 자를 수 없다. 또한 명마도 앞에는 재갈과 고삐의 견제가 있고, 뒤에는 채찍질의 위협이 있으며, 위에는 말 부림이 있어야 천리를 치달을 수 있다."

이와 함께 순자는 어진 스승을 모시고 섬기며, 좋은 친구를 가려 사귀어야 한다고 권고합니다. 만일 주변에 속임수와 거짓말과 탐욕스러운 행실을 일삼는 사람을 가까이 둔다면 나도 모르는 사이에 형벌을 받게 될지도 모른다고 경고합니다. 순자는 "사람됨을 알고 싶거든 그 친구를 보라고 했으며, 군주를 알지 못하거든 좌우 측근을 보라"라는 말이 전해진다며, 환경의 중요성을 강조했습니다.

〈성악〉 편에서 순자는 사람의 용기를 상, 중, 하로 구분했는데, 그중에서도 가장 높은 단계의 용기인 '상용(上勇)'은 다음과 같습니다.

> "위로는 난세의 군주를 따르지 않고, 아래로는 백성에게 영

향을 받지 않으며, '인'이 있는 곳이면 가난도 마다 않고, '인'이 없는 곳이면 부귀도 무시하며, 천하가 그를 알아주면 천하와 함께 고락을 같이하기를 바라고, 천하가 알아주지 않으면 가만히 천지 사이에 홀로 서서 두려워하지 않는다."

이 구절은 맹자의 대장부(88쪽 참고)를 떠올리게 합니다. 맹자가 이상적인 인격체로 보는 대장부의 모습과 순자가 묘사한 최상급의 용기는 놀라울 정도로 유사합니다. 난세의 군주를 따르지 않는다는 것은 덕이 없는 군주를 섬기지 않겠다는 의미입니다. 결국 도덕이 위정자보다 우선한다는 점에서 공자, 맹자, 순자는 일치합니다. 그리고 인성론에서는 서로 반대의 입장을 취했지만, 사람을 도덕적인 존재로 보고, 도덕적인 인간을 지향했다는 점에서는 맹자와 순자가 일치하고 있습니다.

인위와 본성의 조화

순자는 대학자로서 큰 업적을 남겼지만, 역사 속에서는 상대적으로 저평가되어 왔습니다. 맹자는 "천하의 말이 양주로 귀결되지 않으면, 묵적으로 귀결된다"라고 했습니다. 이는 맹자 당시 유가는 널리 알려진 학문이 아니었고, 묵가와 양주를 위시한 도가

학파가 사람들에게 더 많은 영향을 끼쳤다는 것을 의미합니다.

그러나 약 백 년이 지나 한비자는 "세상의 유명한 학문은 유가와 묵가"라고 했습니다. 이는 그 짧은 시간 동안 유가가 유명한 학문으로 자리 잡았음을 보여 줍니다. 이 과정에서 순자의 역할이 매우 컸을 것으로 보입니다.

순자가 역사 속에서 저평가된 주요 이유로는 그의 성악설과 더불어 제자 가운데 법가(法家) 계열의 이사와 한비자가 있었기 때문이라고 합니다. 한비자는 법가 사상을 집대성했고, 이사는 진나라가 전국을 통일할 당시 재상으로 분서갱유(焚書坑儒)를 주도한 인물입니다. 이로 인해 순자는 유가의 정통에서 벗어난 이단으로 간주되었습니다. 그러나 최근에는 순자야말로 공자의 예 사상을 계승한 인물이라는 재평가가 이루어지고 있습니다.

순자의 성악설을 통해 본다면, 인간의 본성을 어떻게 규정하느냐에 따라 세상의 문제에 대한 진단과 해결책이 달라지고, 통치자가 어떤 정치를 펼쳐야 하는지도 바뀌게 됩니다. 유세가들은 이를 바탕으로 군주에게 각기 다른 치국(治國)의 방안을 제시하게 되는 것입니다.

성선설을 주장한 맹자는 군주에게 인정을 베풀라고 유세했습니다. 그는 군주에게도 인의예지의 도덕성이 내재되어 있으며, 그 도덕성을 발현시켜야 한다고 주장했습니다. 맹자가 제후들을 만나 유세할 때마다 거침없이 직언을 했는데도 어떻게 온전할 수 있었는지 의아해할 수 있습니다. 면전에서 제후의 얼굴빛이 바뀌는데도 "인의의 정치를 해야 한다"라고 말할 수 있는 것은 그 방법이 최선이라고 확신했기 때문입니다. 맹자는 자신의 신념을 철저히 지킨 것입니다.

반면, 성악설을 주장한 순자는 인간의 악한 본성을 절제하기 위해 문화적인 규범인 '예'를 중시했고, 이를 바탕으로 '예치(禮治)'를 주장하게 됩니다. 또한, 본성을 변화시키고 교화할 수 있는 교육의 중요성을 강조했습니다.

순자는 인간이 본래부터 지닌 욕망과 욕심을 인정하고 그것을 생산성을 높이는 원동력으로 삼고자 했습니다. 다시 말해, 순자는 인간의 본성보다는 인위적인 노력과 교육에 초점을 두었다고 볼 수 있습니다. 이처럼 사람의 본성을 어떻게 규정하느냐에 따라 세상의 문제를 해결하는 방식도 달라집니다. 사람을 어떤 존재로 볼 것인가 하는 문제는 오늘날에도 여전히 중요한 의미가 있습니다.

만약 우리가 순자처럼 인간이 사회질서에 반하는 욕망을 갖고 태어난다고 본다면, 후천적인 교육과 예절의 중요성이 더욱 부각될 것입니다. 그리고 이러한 욕망을 절제하고 성정을 변화시키기 위해 지속적인 학습과 수양에 힘쓰겠지요. 이러한 과정을 통해 우리는 개인과 사회가 함께 발전할 수 있는 길을 모색할 수 있습니다.

결국 인간 본성에 대한 올바른 이해는 우리가 더 나은 사회를 구축하는 데 중요한 토대가 될 것입니다.

불변의 지혜

인간 본성에 대한 이해는 우리의 행동을 이끌어가는 나침반이다.
더 나은 사회는 그 이해에서 시작된다.

앞으로 나아가기 위해
반드시 필요한 것

◈ 〰 ◈

| 화성기위 |

"본성을 변화시켜 문화를 일으킨다."

"化性起僞."

《순자》,〈성악〉편

어느 한밤중 창문 밖에서 갑작스러운 천둥소리가 울려 퍼지면 우리는 본능적으로 몸을 움츠리게 됩니다. 마치 오래전 원시인이 폭풍을 신의 분노로 해석했던 것처럼 우리 역시 그 순간 원초적인 두려움을 느낍니다. 천둥과 번개가 칠 때 공포에 떠는 사람들은 여전히 존재하고, 심지어 귀신이나 유령의 존재를 믿으며 두려움에 잠 못 이루는 이들도 많습니다.

이렇듯 천둥, 번개, 귀신 등에 대한 공포는 고대부터 현대까지 이어져 내려오는 인간의 근본적인 감정입니다. 고대인들은 천둥과 번개뿐만 아니라 일식, 월식, 유성 등의 천체현상과 가뭄, 홍수 등의 자연재해를 두려움의 대상으로 보았습니다. 천체현상은 하늘이 내릴 재앙의 징조라 여겼으며, 자연재해는 상제가 내리는 벌이라고 생각했습니다.

그런데 순자에 이르러 천의 초월적이고 신비한 상제의 관념은 객관적으로 존재하는 물질세계인 자연계라는 관념으로 바뀌었습니다. 순자는 천인관계에서 천과 인을 완전히 분리했습니다. 이것을 '천인상분(天人相分)'이라 합니다. 천인상분이란 천을 상제로 보았을 때는 상제와 사람의 분리이고, 천을 자연으로 보았을 때는 자연과 사람의 분리이며, 천을 천성, 즉 본성으로 보았을 때는 본성과 인위(문화)의 분리라고 볼 수 있습니다. 다시 말해, 순자는 자연과 사람을 분리한 후에 사람이 자연을 어떻게 개조하고 이용할 것인가에 관심을 집중했습니다.

〈천론(天論)〉 편은 '자연의 움직임에는 일정한 법칙이 있다'라는 문장으로 시작합니다. 순자는 천과 인은 각각의 역할을 가지고 있기 때문에 사람이 자신의 할 일은 하지 않은 채 하늘의 은혜만을 기다려서는 안 된다고 보았습니다. 예컨대 농사에는 게으르면서 낭비하며 산다면 하늘도 그를 부유하게 할 수 없고, 잘 먹지 않고 운동도 하지 않는다면 하늘도 그를 건강하게 해 줄 수는 없다고 합니다. 따라서 천과 인의 구분을 명확하게 할 줄 아는 사람이 야말로 지인(至人)이라 불릴 만하다고 했습니다.

순자는 여기에서 그치지 않고 사람이 자연을 제어하여 이를 활용해야 한다고 말합니다. 이것을 '화성기위(化性起僞)'라고 하는데, 이는 '본성을 변화시켜 문화를 일으킨다'라는 의미입니다. 화성기위와 관련하여 순자는 "굽은 나무는 반드시 도지개에 넣거나 불에 쬐어 바로 잡은 연후에 곧게 된다"라는 비유를 듭니다.

여기서 '도지개'는 두 가지로 해석될 수 있습니다. 첫째, 교육의 의미로 볼 수 있습니다. 이는 사람의 타고난 욕구를 제어하고 그를 사회의 구성원으로 변화시키는 인위적인 학습과 교화를 의미합니다. 둘째, 사람이 자연에 가하는 능동적인 행위 전반을 말한다고 볼 수 있습니다. 예를 들어, 기우제를 지내는 대신 댐을 건설하고, 풍작을 기원하는 대신 자연을 개조하는 치수사업을 통해 가뭄에 대비하는 행위를 말합니다.

순자는 기우제를 지내지 않아도 비는 온다고 생각했습니다. 기우제에 대해 그는 "군자는 일종의 꾸밈이라 여기고 백성들은 신묘하다고 생각한다"라며, 기우제를 단지 문화의 일종으로 다루려는 입장을 취했습니다.

비록 기우제를 지내지 않아도 비는 내리지만, 순자는 기우제를 지낼 필요가 있다고 생각했습니다. 이는 사람들이 비를 기다리며 느끼는 애타는 열망을 달래기 위한 방법으로써 기우제가 필요하다고 보았기 때문입니다. 합리적인 사고를 지닌 순자가 기우제가 비가 오는 것과 아무런 관련이 없다는 사실을 알면서도 기우제를 문화라는 관점에서 필요하다고 본 것은 매우 탁월한 견해라고 할 수 있습니다.

또한, 순자는 사람이 사후에 귀(鬼)가 된다는 것을 믿지 않은 선진시기의 대표적인 무신론자였습니다. 그는 귀신을 일종의 착각으로 여겼습니다. 이러한 착각이 발생하는 이유는 사물을 관찰할 때 의구심이 생겨 마음이 안정되지 못하면 외부의 사물도 명확하게 인식할 수 없기 때문이라고 했습니다. 예를 들어, 어두운 밤에 길을 걷는 사람이 가로놓인 돌을 보고 엎드린 호랑이라 착각하거나, 곧은 나무를 보고 사람이 서 있는 것으로 착각하는 것은 어둠이 그의 시력을 가리기 때문이라고 설명했습니다.

아울러 순자는 귀신이 탄생하는 과정을 설명하기 위해 하수 어귀 남쪽에 살던 '연촉량'이라는 사람의 일화를 예로 듭니다. 연촉량은 어리석고 겁이 많은 사람이었습니다. 어느 날, 달이 밝은 밤에 길을 가던 중 자신의 그림자를 내려다보고는 그것을 웅크린 귀신이라 착각했습니다. 이어서 고개를 들어 자신의 머리털을 보고는 서 있는 요괴라고 여기며 겁에 질려 등을 돌려 달아나다가 자신의 집에 도착할 무렵 결국 기절해 죽고 말았습니다.

이렇듯 사람들은 정신이 몽롱하고 의식이 흐릴 때 쉽게 존재하는 것을 보지 못하거나, 존재하지 않는 것을 있다고 착각할 수 있다고 보았습니다. 연촉량이 자신의 뒤에 귀신이 있다고 생각하며 두려워 한 것도 단지 착각에 불과하다는 것입니다. 다시 말해, 귀신이 나타날까 두려워하거나 병을 고친다고 굿을 하는 행위 등을 순자는 똑같이 어리석은 행동으로 보았던 것입니다.

자신의 노력으로
이룰 수 있는 일에만 집중하라

순자는 "우연히 마주치는 것을 일러 운명이라 한다"라고 했습니다. 또한, "무릇 때를 만나고 못 만나는 것은 시운이 따른다"라고 말했습니다. 이는 사람의 노력으로 어찌할 수 없는 운명이 있음을 인정하는 것입니다.

〈천론〉 편에는 '인간의 명은 하늘에 달려 있고, 국가의 운명은 예에 달려 있다'라는 구절이 있습니다. 순자는 개인의 빈부나 귀천, 장수와 요절 등은 운명의 제약을 받지만, 한 국가의 흥망은 '천명'에 달린 것이 아니라고 보았습니다. 그보다는 국가가 예를 얼마나 잘 지키고 관철하느냐에 따라 결정된다고 생각했습니다.

선진시기 운명에 대한 유가의 입장은 공자, 맹자, 순자가 일치합니다. 이들은 개인의 빈부귀천이나 장수와 요절 등을 인간의 노력으로 어찌할 수 없는 운명이라는 영역을 인정했습니다. 그러나 독특하게도 순자는 국가의 흥망이 예를 얼마나 철저히 지키느냐에 달려 있다고 보았습니다. '인간의 명은 하늘에 달려 있고, 국가의 운명은 예에 달려 있다'라는 구절에서 순자가 강조하고자 한 것은 인간의 운명이 아니라, 예를 기반으로 하는 정치라고 해석하는 것이 타당합니다.

비록 운명을 우연한 마주침이나 시운으로 인정했지만, 순자는 운명적인 요소에 지나치게 동요하지 말라고 당부합니다. 예를 들어, "군자는 자기에게 달려 있는 것을 삼가고, 하늘에 달려 있는 것을 그리워하지 않으므로 날로 진보한다"라는 순자의 말은 신, 운명과 같은 신비한 힘이나 불가항력적인 일에 매달리지 말고, 자신이 노력해서 이룰 수 있는 일에만 집중하라는 뜻을 담고 있습니다. 다시 말해, 개인의 수양과 노력으로 이룰 수 있는 영역에서는 운명을 탓하면 안 된다고 강조합니다.

더불어 순자는 자신의 책임을 남에게 돌리거나 하늘을 원망하는 등의 어리석음을 비판합니다.

> "남을 원망하는 자는 궁해지고, 하늘을 원망하는 자는 식견이 없는 자다. 자신이 실수하고 그 원인을 남에게 돌리니 그 어찌 어리석지 않겠는가?"

자신의 실수를 남의 탓으로 돌리면 안 되는 이유는 그러한 태도가 문제의 정확한 진단과 해결책을 찾는 데 방해가 되기 때문입니다. 일이 잘못되었다면 남을 탓하기 전에 자신의 실수를 찾아내고 같은 실수를 하지 않도록 노력해야 합니다. 이는 남을 바꾸거나 상황을 바꾸는 것보다 자신의 생각과 행동을 바꾸는 것이 더 현실적이기 때문입니다.

내가 문제점을 고치지 않았음에도 상황이 더 유리한 방향으로 흐르거나 함께하는 사람들이 개선된다면 당장은 원하는 대로 일이 진행될 수 있습니다. 그러나 나에게 여전히 근본적인 문제점이 남아 있다면, 언제든 상황은 다시 나빠질 수 있습니다.

인간의 한계와 극복 방법

순자의 화성기위는 인위적인 노력을 통해 자연을 극복하고 변화시키는 능동적인 자세를 의미합니다. 쉽게 말해, 나무를 깎고 다듬어 가구를 만드는 행위가 바로 화성기위의 한 예입니다. 여기서 나무는 성(性)이고, 가구는 위(僞)가 됩니다. 이처럼 인위는 개인적인 노력과 적극적인 행동 전반을 가리키는 것입니다.

순자는 천재지변을 신의 노여움이 아닌 자연의 일정한 법칙으로 보았습니다. 그는 기우제를 지내기보다는 댐을 만들고 치수사업을 해야 한다고 생각했습니다. 또한, 귀신을 두려워해 달아나다가 죽은 사람을 어리석다고 여겼습니다.

순자는 인간의 노력으로 개선될 수 있는 문제에 집중한 사람으로, 자신의 노력으로도 어찌할 수 없는 영역에는 관심과 에너지를 쏟지 않으려 했습니다. 만약 자신의 삶을 다르게 변화시키고자 한다면 이러한 순자의 태도를 본받아야 할 것입니다. 우리에게 주어진 힘과 시간은 한정되어 있으므로 어디에 집중할지를 잘 선택할 필요가 있습니다.

사실 우리는 일상생활 속에서 늘 화성기위를 실천하고 있습니다. 예를 들어, 자신의 성격이 너무 내성적이고 소심해서 마음에 안 든다고 느껴지면 일부러 사람들 앞에서 발표를 해 보는 것도 화성기위입니다. 물론 한 번의 도전으로 성격이 바뀌지는 않겠지만, 마음을 일으켜 행동으로 옮기는 것이 그 시작입니다. 게으르고 미루는 성향을 개선하여 좀 더 부지런한 사람으로 변화하는 것도 화성기위에 해당합니다. 전문적인 지식을 습득하고 사회에서 전문가로 활동하는 것, 좋은 책을 읽으며 교양을 쌓고 마음을 다스리는 것, 건강을 위해 술을 끊고, 매일 운동을 하는 것, 글 쓰는 습관을 들이기 위해서 매일 일기를 쓰는 것, 이 모두가 화성기위입니다. 결국 화성기위는 자신의 노력으로 이룰 수 있는 일에 집중하는 삶의 자세를 가리키는 것이지요.

이러한 자세를 통해 우리는 자신을 더욱 발전시키고, 주어진 환경을 능동적으로 변화시킬 수 있습니다. 순자의 가르침은 오늘날에도 여전히 유효하며, 우리에게 삶의 방향과 목표를 명확히 설정하고, 스스로를 끊임없이 개선해 나갈 용기를 줍니다. 삶의 주도권을 잡고, 스스로의 힘으로 원하는 변화를 이루어 내는 것이야말로 진정한 화성기위의 실천이라 할 수 있습니다.

불변의 지혜

운명을 바꾸는 열쇠는 남을 탓하지 않고,
오직 자신의 노력에 집중하는 데 있다.

"모든 것은 깊이 보고
두루 살펴라"

❖ ✦ ❖

| 비판적 사고 |

"그릇되고 간사한 말로 천하를 어지럽히고,
시비와 선악의 기준을 알지 못하게 한다."

"飾邪說, 文姦言, 以梟亂天下,
使天下混然不知是非治亂之所存者, 有人矣."

《순자》, 〈비십이자(非十二子)〉 편

최근 인터넷을 보면 누군가의 행동을 비판하는 글이 자주 눈에 띕니다. 그중에는 단순히 감정적인 반응만을 보이거나 억지를 부리며 반대하는 글들도 많아 눈살이 찌푸려지곤 합니다. 이러한 글들은 이성에 근거한 비판이 아닌 그저 누군가를 비난하는 행동에 불과하기 때문입니다.

진정한 비판은 마치 명화의 숨겨진 의미를 찾아내는 예술 비평가처럼 깊이 있는 이해와 섬세한 분석이 필요합니다. 타인의 주장을 제대로 이해하지 않고 섣부르게 비판하는 것은 마치 허공에 대고 화살을 쏘는 것과 같습니다. 명확한 사고와 논리적 근거가 뒷받침되지 않은 비판은 결코 설득력을 가질 수 없는 것이지요.

이러한 이유로 순자는 중국 역사에서 비판철학의 대가로 불립니다. 순자는 한대의 왕충과 명대의 이지와 함께 중국의 3대 비판철학자로 손꼽히며, 그의 사상은 철저한 분석과 논리를 바탕으로 형성되었습니다.

순자의 사상은 전국시대 제나라에서 크게 발달했습니다. 당시 제나라는 부유한 강대국으로, 염전과 수공업, 상업이 번창하며 학문과 사상이 꽃피던 곳이었습니다. 제나라 선왕은 수도를 임치로 옮기고 학문을 장려하기 위해 직하학궁(稷下學宮)을 설립하여 천하의 명사와 학자들을 초청했습니다. 이곳은 제자백가의 대표 인물들이 모여 학문적 토론과 사상의 발전을 이끌어 낸 중심지였습니다.

제자백가를 대표하는 학자들은 이곳에서 자신의 학파가 추구하는 바를 밝히고, 혼란스러운 세상에 대한 해결책을 모색했습니다. 맹자, 순자, 한비자 등 당대의 뛰어난 사상가들이 이곳을 거쳤습니다. 순자는 조나라 출신으로, 15세에 조나라를 떠나 제나라의 직하에서 유학을 했습니다. 그는 직하학궁에서 20년간 다양한 학파의 학자들과 자유롭게 교류하면서 여러 사상을 공부했고, 그 사상들을 자신의 사상체계에 흡수합니다.

제자백가를 비판하고
수용하다

순자가 다른 제자백가에 대해서 했던 비판은 주로 《순자》의 〈비십이자〉, 〈해폐(解蔽)〉, 〈천론〉, 〈정론(正論)〉, 〈정명(正名)〉 편에서 집중적으로 나타납니다.

〈비십이자〉 편에서는 열두 명의 학자를 여섯 개의 학파로 분류하고 비판하는데, 비판의 근거는 '그릇되고 간사한 말로 천하를 어지럽히고, 시비와 선악의 기준을 알지 못하게 한다'라는 것입니다. 순자는 타효와 위모, 진중과 사추, 묵적과 송견, 신도와 전변, 혜시와 등석, 자사와 맹자를 나열하고 각각의 비판 이유를 다음과 같이 밝힙니다.

타효와 위모, 진중과 사추는 모두 유명한 변설가로 추정됩니다. 타효와 위모에 대해서 '거리낌 없고 방자하며, 짐승처럼 행동해서 예의에 맞게 다스려지기 부족하다'라고 비판하고, 진중과 사추에 대해서는 '멀리 세속을 떠나 다른 사람과 달리하는 것을 가지고 고결하다고 여긴다. 대중들과 함께 예의를 밝히기에 부족하다'라고 비판합니다.

묵적과 송견은 묵가학파에 속하며, 순자는 그들을 '공리와 효용을 높여 검약을 중히 하고, 차등을 업신여긴다'라고 비판합니다. 신도와 전변은 법가인데, 그들에 대해서는 '(그들이 만든) 법문은 실제와 동떨어져서 그것으로는 나라를 다스릴 수 없다'라고 비판합니다. 혜시와 등석은 명가에 속하는데 '괴상한 논설을 좋아하고, 기이한 말을 가지고 놀며, 대단히 깊게 살피지만 긴요하지 않고, 말은 잘하지만 쓸모가 없으며, 일을 많이 하지만 실효가 적으므로 정치 기강을 삼을 수 없다'라고 비판합니다.

순자의 비판은 공자의 손자인 자사와 맹자에까지 이릅니다. 결국 순자는 공자 외의 거의 모든 제자백가를 비판했다고 볼 수 있습니다.

"선왕(요·순)을 본받더라도 그 법통을 알지 못하고, 대범하더라도 재질은 급하다. 뜻이 크고, 듣고 보는 것은 잡박하게 넓고, 지나간 옛일을 살펴서 새 설을 만들어 이를 가리켜 오행이라고 말하지만 대단히 편향되어서 유례가 없으며, 심오한데 설명이 없고, 폐쇄되어 해설이 없다. 여기에 그 말을 아무렇게나 꾸며 위엄부리고 말하기를 이것이 참으로 공자의 말이라고 한다. 자사가 이를 제창하고 맹자가 여기에 동조하였다.

세상의 어리석은 유자들은 시끄럽게 소란피우면서도 그것

이 잘못된 것을 알지 못하고 마침내 받아들여 전하면서, 공자와 자유가 이들 때문에 후세에 존중받게 되었다고 생각한다. 이것이 바로 자사와 맹자의 죄다."

순자가 보기에 이들은 마음이 가려져서 사물의 전체를 인식하지도 못하면서 스스로 충분하다고 여기고, 안으로 자신을 어지럽히고 밖으로 남을 혼란스럽게 만드는 사람들입니다. 즉, 이들은 부분적인 인식만을 가지고 논리를 펼쳐 사물의 실상을 왜곡하고 세상을 어지럽히고 있다는 것입니다. 그러나 유독 공자만이 사랑과 지식을 갖추고 가려진 바도 없다고 순자는 강조합니다.

노자를 비판하면서
수용하다

〈천론〉 편에서도 순자의 비판은 계속되는데, 다음은 법가, 묵가, 노자에 대한 비판이 나오는 대목입니다.

"신도는 뒤를 보고 앞은 보지 못하였고, 노자는 굽힘을 보고 펼침은 보지 못하였으며, 묵자는 평등을 보고 차별은 보지 못하였고, 송견은 적음을 보고 많음은 보지 못하였다. 뒤만 있고 앞이 없으면 군중이 나갈 문이 없을 것이고, 굽힘만 있고 펼침이 없다면 귀천의 구분이 서지 않을 것이며, 같음만 있고 다름이 없다면 정치 명령이 미치지 못할 것이고, 적음만 있고 많음이 없다면 군중이 교화되지 않을 것이다."

이 대목에서 순자는 노자가 주장한 굽힘과 부드러움에 대해 비판합니다. 노자가 굽힘을 강조하면서 펼침을 간과한 것을 문제 삼고 있지만, 흥미롭게도 순자는 노자의 사상을 완전히 배척하지 않고 비판적으로 수용합니다. 예를 들어, 《노자》45장에는 '아주 바른 것은 굽은 듯하다'라는 구절이 있습니다. 순자는 〈중니(仲尼)〉 편에서 '군자는 굽혀야 할 때는 굽히고, 펴야 할 때는 펴는 것이다'라고 하여 노자의 사상을 부분적으로 받아들였습니다.

또한, 《노자》76장에서 노자는 '단단하고 강한 것은 죽음의 무리이고, 부드럽고 약한 것은 삶의 무리'라 하여 유약함을 생명의 상징으로 높이고 있습니다. 이에 반해 순자는 〈불구(不苟)〉 편에서 '때와 더불어 굴신하며, 갈대처럼 부드럽게 따르지만'이라 했으며, 〈신도(臣道)〉 편에서는 '부드럽지만 굽히지 않는다'라고 했습니다.

순자는 노자와 마찬가지로 부드러움은 인정하면서도 굽히지는 말아야 한다고 보았습니다. 다만 꼭 굽혀야 하는 상황이라면 굽히는 것이고, 펴야 할 때는 펴야 한다는 것입니다.

《노자》16장에 '텅 빈 상태를 유지해야 오래간다'라는 구절이 있으며, 57장에는 '고요함을 좋아하면 백성들이 저절로 바르게 되고'라는 구절이 있습니다. 《순자》의 〈해폐〉 편에는 '허일이정(虛壹而靜)'이라는 개념이 나옵니다. 이것은 '마음을 텅 비우고 하나로 집중시켜서 고요한 상태를 유지한다'라는 의미로, 순자가 도를 이해하고 마음을 다스리는 방법으로 제시한 것입니다.

이러한 굽힘과 부드러움, 비움과 고요함 등의 개념을 순자가 언급한 것으로 볼 때 순자가 노자 사상에 영향을 받았음을 알 수 있습니다.

비판적인 생각이
요구되는 사회

순자는 직하학궁에서 다양한 학파와의 사상적 교류와 비판을 통해 그 가운데 일부를 수용하면서 자신의 사상을 정립했습니다. 여러 제자백가를 비판했다는 것은 그가 다양한 의견과 주장에 늘 관심을 가지고 열려 있었다는 증거이기도 합니다. 이는 관심 없이는 제대로 된 비판이 이루어질 수 없다는 점을 잘 보여 줍니다.

현대야말로 순자와 같은 비판적인 사고와 제대로 된 비판이 절실한 시대입니다. 오늘날은 과거와 비교할 수 없을 만큼 정보를 쉽게 얻을 수 있습니다.

하지만 정보의 홍수 속에서 살아가는 우리는 넘쳐나는 정보 가운데 무엇이 진실이고 무엇이 유용한지 구별할 능력이 필요합니다. 인터넷에서 하나의 정보를 검색하면 수많은 의견과 정보가 쏟아지는데, 이 중에서 어떤 정보가 더 정확하고 자신에게 유익한지를 파악할 수 있어야 합니다.

비판적인 사고를 위해서는 어떤 주장을 접했을 때 그 주장에 의문을 품고, 증거를 찾아보며, 다른 견해도 함께 살펴야 합니다. 다양한 사례와 비교하고 사건의 인과관계도 검토해야 합니다. 이러한 비판적인 과정을 거쳐 정보를 검토하면 단순히 수용할 때보다 훨씬 더 정보를 유용하게 활용할 수 있게 됩니다.

정보를 검색하는 시대에는 "어떻게 질문을 하는가?"가 갈수록 중요해지고 있습니다. "질문이 곧 실력"이라는 말이 있습니다. 예를 들어 AI에게 질문을 할 때도 보다 구체적으로 질문할수록 가치 있는 정보를 얻을 확률이 높아집니다. 이처럼 질문을 제대로 하는 능력과 검색을 효과적으로 하는 능력은 비판적인 사고를 지니고 있을 때 가능한 일입니다.

우리가 비판적인 사고를 바탕으로 정보를 다룬다면 자신의 편향된 관점을 개선하게 되고 지식의 객관성을 확보할 수 있게 됩니다. 이러한 과정은 결국 주어진 문제를 해결하는 능력을 키워나가는 데 크게 기여할 것입니다.

순자가 다양한 사상을 비판적으로 검토하고 자신의 사상을 정립했던 것처럼 현대 사회에서도 이러한 비판적 태도는 필수적이며, 우리가 올바른 결정을 내리고 문제를 해결하는 데 중요한 역할을 할 것입니다.

불변의 지혜

비판은 깊이 있는 이해와
객관적 사고의 결실이다.

'천 리 길도 한 걸음부터'의
진짜 의미

"사람이 존귀한 이유는
예의가 있기 때문이다."

"人有義, 故最爲天下貴也."

《순자》,〈왕제(王制)〉편

외국인들이 한국어를 배울 때 가장 어려움을 겪는 부분 중 하나가 바로 존댓말입니다. 이는 연장자에 대한 예의를 중시하는 한국 문화의 특성을 잘 보여 줍니다. 나라마다 서로 다른 예절과 관습이 존재하기 때문에 종종 이러한 차이로 인해 재미있는 에피소드가 발생하기도 합니다.

예를 들어, 중국에서는 식사 초대 시 음식을 조금 남기는 것이 예의입니다. 그릇을 깨끗이 비우면 더 먹고 싶다는 신호로 받아들여져 주인이 계속 음식을 권하게 되지요. 미국에서는 길에서 사람과 마주치거나 붐비는 장소를 지날 때 "실례합니다(Excuse me)"라는 말을 자주 사용하고, 인도에서는 "문제없어!(No problem!)"라는 말을 습관적으로 사용합니다. 이처럼 즐거운 여행을 위해서는 그 나라의 예절과 문화를 미리 파악하는 것이 중요합니다.

순자는 전국시대의 제자백가 중에서도 특히 예를 강조한 사상가로, 공자의 예 사상을 더욱 풍성하게 발전시켰습니다. 또한 그는 '기론(氣論)'에 기초하여 자연계를 체계적으로 구분한 학자로도 잘 알려져 있습니다.

제나라 직하학궁의 최고 책임자인 좨주(祭酒)를 세 차례나 역임했던 순자는 다양한 학자들과 교류하며 여러 학파의 사상을 접했습니다. 유가 사상가이면서도 노장철학의 영향을 받은 그는 각 학파의 기론을 흡수하고 종합하여 자연계를 독창적으로 구분했습니다.

《순자》의 〈예론(禮論)〉 편에서 그는 만물의 생성 원리를 '천지가 합하여 만물이 생겨나고, 음과 양이 접하여 변화가 일어나며, 본성과 인위가 합일되어 천하가 다스려진다'라고 설명하며, 생명체의 형성을 음과 양의 기가 상호작용한 결과로 이해했습니다. 이를 바탕으로 그는 자연계를 체계적으로 구분했습니다.

"물과 불에는 기는 있으나 생명은 없고, 초목은 생명은 있지만 지각이 없으며, 짐승은 지각은 있어도 예의가 없다. 사람에게는 기와 생명과 지각이 있고, 또한 예의까지 있으므로 천하에서 가장 존귀하다."

여기서 순자는 인간의 고유한 특징이 바로 예를 지니는 것임을 강조합니다. 그는 인간이 예를 버리게 되면 짐승에 불과하다고 경고합니다.

그렇다면 예란 무엇일까요? 예는 넓은 의미로 '풍속이나 습관으로 형성된 행위준칙, 도덕규범 등 각종 예절'을 의미합니다. 예는 일정한 가치관에 따라 행위를 규율하는 기능을 합니다. 예를 지키지 않았다고 법적으로 처벌을 받지는 않지만 사회적으로 비난을 받거나 불이익 등의 제재를 받을 수는 있습니다.

순자는 인간이 다른 사물과 구별되는 본질을 예의와 함께 사회성에서 찾고 있습니다. 그는 "힘은 소만 같지 못하고 달리기는 말만 같지 못한데, 소나 말이 도리어 사람에게 쓰여 지는 까닭은 무엇인가? 사람은 모여 살 수 있고, 그것들은 모여 살 수 없기 때문이다"라고 주장합니다.

또한, "예의로써 분별하면 화합하게 되고, 화합하면 하나가 될 수 있으며, 하나가 되면 힘이 많아지는데, 힘이 많아지면 강해지고, 강해지면 무엇이든지 이긴다"라고 말합니다. 여기서 사람이 예의를 가지고 분별하는 것은 사회생활을 할 수 있는 화합의 전제가 됩니다. 그래서 화합이 이루어져야 무엇이든 이길 수 있는 강한 힘, 즉 사회성을 지니게 되는 것입니다.

순자의
예치 사상

순자는 유가 가운데 누구보다도 예를 강조하는데, 그의 관점에서 예는 삶의 조화를 이루어 오래 살도록 하는 장수의 비결이기도 합니다. 그는 예를 따르는 것이야말로 건강을 지키는 길이라고 보았습니다. 즉, 예를 통해 '기(氣)'를 다스리면 병이 생기지 않으며 오래 살 수 있다고 주장했습니다.

> "사람이 선악을 분별하는 척도(예)를 가지고 기를 다스리고 삶을 기르면 팽조보다 더 늦게 죽고, 그것을 가지고 몸을 닦아 스스로 힘쓰면 명성을 요임금·우임금과 아울러 견주며, 때를 만났을 경우에도 잘 맞고, 곤궁에 처했을 경우라고 괜찮다. 예야말로 정말 이런 것이다."

여기에서 순자는 예를 '사람이 선악을 분별하는 척도'라고 정의했습니다. 또한 그는 "먹고 입고 살아가며 움직이는 모든 것에 있어서 예를 따른다면 언제나 알맞게 조화를 이루게 되는데, 만약 예를 따르지 않는다면 빗나가고 (재난에) 빠져서 병이 생기게 된다"라고 합니다.

이와 같이 예를 통해 기를 잘 다스리는 것은 건강의 중요한 요건이 됩니다. 순자는 이에 더해 '소박하고 성실해서 언제나 즐겁고 느긋하게 산다면 장수할 수 있게 된다'라고 보았습니다. 즉, 일상생활에서 예를 잘 따르고 성실한 삶의 태도로 조화를 이루며 즐겁게 사는 것이야말로 건강한 생활태도이며 장수의 비결이라는 것입니다.

순자는 〈예론〉 편에서 예의 기원에 대해 설명합니다.

"인간은 욕망을 가지고 태어나는데, 물자는 한정되어 있어서 제한하고 절제시키지 않으면 서로 다투게 된다. 다투면 사회를 혼란에 빠트리기 때문에 다툼을 막기 위해서 사회규범인 예가 필요하게 되었고, 성현이 예를 만들게 되었다."

즉, 예는 인간의 무한한 욕망을 절제하고 한정된 자원을 공정하게 분배하기 위해 만들어졌다는 것입니다.

순자는 국가를 다스리는 데 있어 사회규범인 예를 중시하고, 예를 바탕으로 하는 법을 인정합니다. 당시 혼란스러운 상황을 수습하기 위해 법의 필요성을 인정했지만, 예가 전제되지 않는 법을 인정하지는 않습니다. 말하자면 예가 법보다 우위에 있으며 법의 근본이 된다고 보았습니다. 따라서 〈권학(勸學)〉편에서 "예는 법의 근본이며, 지켜야 할 관습의 근원이다"라고 말한 것입니다. 순자는 예를 존중하고 나서 그 바탕 위에 법을 세워야 나라가 안정이 된다고 보았습니다. 이러한 정치사상을 '예치사상'이라고 합니다.

공자는《논어》의 〈위정〉편에서 국가는 정령과 형벌보다 덕과 예로 다스려야 한다고 주장했습니다. 순자가 전통적인 관습이나 사회규범을 통한 예치를 법치보다 강조했다는 점에서 그가 공자의 예치사상을 계승하고 발전시킨 인물임을 알 수 있습니다.

왜 일상에서 예의를 지켜야만 할까?

외국을 여행하면서 그 나라의 독특한 예의와 문화를 미리 알고 가려는 이유는 무엇일까요? 우선, 그 현지인들에게 밉보이고 싶지 않은 심리가 있기 때문입니다. 그들을 불쾌하게 하는 일이 여행객에게 이로울 리 없으니까요. 다음으로, 그곳의 문화양식을 존중한다는 의미를 보여 주기 위함입니다. '너희 나라는 이런지 몰라도, 우리나라의 예절은 다르다'라며 우리식대로 행동하는 여행객은 매우 드뭅니다. 대부분이 그곳의 문화양식과 예절을 맞추거나, 적어도 이해하려는 태도를 보이려 노력합니다.

예의를 지키는 일이 왜 중요할까요? 예의란 그곳에 사는 사회 집단의 약속입니다. 법적인 구속력은 없지만 어느 정도 강제력을 지니고 있습니다. 또한, 예의를 지키면 법적인 다툼과 처벌까지 이르지 않고도 문제를 해결할 수 있습니다. 이를 통해 같은 공간에서 무리 없이 질서를 유지하고 공존할 수 있게 되는 것입니다.

순자는 "무릇 예란 소박함에서 시작하여, 형식적인 수식에서 완성되며, 기쁨에서 끝을 맺는다"라고 했습니다. 여기서 소박함을 사람에 대한 사랑이라고 본다면, 순자가 법보다 예를 먼저 강조하는 데는 잔혹한 형벌에까지 이르기 전에 질서를 이루고자 하는 사람에 대한 사랑과 배려심이 바탕에 있다고 볼 수 있습니다.

우리가 일상에서 예의를 실천하기 위해서는 상대를 존중하고 배려하려는 마음이 필요합니다. 순자의 말처럼 사랑으로 시작해, 형식을 통해 완성되며, 기쁨에서 끝을 맺는 것이 예의이기 때문입니다.

그렇다면 직장에서는 어떤 예의가 필요할까요? 직장에서 동료의 말을 듣고도 못 들은 척 무시하거나 말을 자르는 행동을 하지 않아야 합니다. 이러한 일은 악의 없이 나도 모르게 일어날 수 있는 일입니다. 그러나 개인의 결함을 공개적으로 비판하거나 놀리는 행동은 큰 상처를 줄 수 있는 행동입니다.

또한, 부하 직원에게 고압적인 태도보다는 부드러운 태도로 에

의를 갖추어 대한다면 일의 능률도 높아질 수 있습니다. 이렇게 사소한 부분에서 서로가 조금씩 배려하고 조절하면서 예의를 지켜간다면 집단 구성원의 협력을 이끌어내고, 생산성을 향상시킬 수 있을 것입니다.

불변의 지혜

일상에서의 배려와 존중이
더 나은 관계와 삶을 만들어 준다.

효는 처음과 끝이
같아야 한다

❖ 🪭 ❖

| 상례와 제례 |

"끝과 시작이 함께 잘되어야
사람의 도가 완성되는 것이다."

"終始俱善, 人道畢矣."

《순자》, 〈예론〉 편

　명절이 다가올 때마다 많은 가정에서 차례상을 준비하느라 분주해집니다. 특히 전통을 중시하는 집안일수록 차례상을 차리는 일이 가족들 사이에 큰 스트레스로 다가오기도 합니다. 어머니는 전을 부치느라 하루 종일 부엌에 머물고, 가족 간에는 어떤 음식을 준비해야 하는지를 두고 의견이 갈리기도 합니다. 이러한 과정에서 종종 피로와 갈등이 쌓여 명절이 끝나고 나면 오히려 가족 간에 불화가 생기기도 합니다.

이런 현실적인 문제를 반영해 지난 2022년 성균관 의례정립위원회는 차례상 간소화 표준안을 발표했습니다. 이 표준안은 명절 준비로 인한 경제적 부담과 갈등을 줄이기 위해 제시된 것입니다. 표준안에 따르면, 차례상에 올릴 기본 음식은 송편, 나물, 구이, 김치, 과일, 술 등 여섯 가지이고, 여기에 원한다면 육류와 생선과 떡을 더 놓을 수 있도록 안내했습니다.

따라서 이제 더 이상 전을 부칠 필요가 없으며, 차례음식을 많이 차리려 애쓰지 않아도 된다는 것입니다. 차례의 상차림은 가족들이 서로 합의하여 정하면 된다고 하며, '홍동백서'나 '조율이시'와 같은 예법도 옛 문헌에는 없는 표현이므로 이를 꼭 지킬 필요가 없다는 점을 강조했습니다.

표준안은《예기》의〈악기〉편에 나오는 '큰 예법은 간략해야 한다'라는 의미의 '대례필간(大禮必簡)' 정신을 구현한 것이라고 합니다. 성균관 의례정립위원회는 차례란 조상에 대한 사랑과 정성이 담긴 의식인데, 이로 인해 가족이 고통받거나 불화가 생기는 것은 결코 바람직하지 않다고 밝혔습니다.

차례상 간소화 표준안의 발표는 올바른 예식이란 그 시대의 정서나 가치관에 맞아야 한다는 점을 보여 주는 사례입니다. 그렇다면 순자는 상례와 제례에 대해 어떤 주장을 했을까요?

죽은 자 섬기기를 마치
살아 있는 자 섬기듯이 하라

상례와 제례에 대한 언급은 공자·맹자·순자 가운데 순자가 압도적으로 많습니다. 그의 철학에서 예는 기본 범주로 자리 잡고 있으며, 《순자》에는 〈예론〉 편이 따로 있을 만큼 예에 대한 서술이 풍부합니다.

순자는 살아 있는 자에 대한 예의뿐만 아니라 죽은 자에 대한 예의도 매우 중요하게 다루었습니다. 그는 "죽은 자 섬기기를 마치 살아 있는 자 섬기듯이 하고, 없는 사람 섬기기를 마치 있는 사람 섬기듯이 하라"라고 말했습니다. 유가에서는 군주와 부모를 대하는 도리는 생전과 사후가 한결같아야 한다는 것이 중요한 원칙입니다. 다시 말해, 살아서 군주의 예를 받았다면 죽어서도 군주의 예를 받는 것이 도리입니다. 만약 살아 있을 때만 경외하고 죽은 뒤에 소홀히 한다면 이는 사람의 도리가 아닌 행동으로 간주됩니다.

《순자》의 〈예론〉 편에는 천자의 관곽을 열 겹, 제후는 다섯 겹, 대부는 세 겹, 사(선비)는 두 겹으로 한다고 명시되어 있습니다. 이처럼 군주와 부모를 대하는 도리는 생전과 사후가 한결같아야 한다는 원칙이 장례 절차에 그대로 적용되어, 각 신분의 등급에 따라 차등을 두어 거행하게 됩니다.

그는 신분에 따라 관과 곽(겉 관)의 두께가 다른 것은 모두 생전의 생활을 반영한 것으로 결코 사치가 아니라고 합니다. 요컨대 순자는 〈예론〉 편에서 '태어남은 인생의 시작이고 죽음은 인생의 끝인데, 끝과 시작이 함께 잘되어야 사람의 도가 완성되는 것'이라고 했습니다. 만약 지각이 있을 때만 공경하며 두려워하고 지각이 없을 때는 소홀히 대한다면, 이는 간악한 것이고 사람의 도리에 어긋나는 마음이라고 여겼습니다.

순자에 따르면 군자와 백성은 제사를 대하는 관점이 다르다고 합니다. 그는 〈예론〉 편에서 "군자는 (제사를) 사람의 도리라 생각하지만, 백성은 귀신을 섬기는 일이라 생각한다"라고 했습니다. 무신론자인 순자에게 상례와 제례는 귀신을 섬기는 일이 아니라 단지 사람이 마땅히 해야 할 도리인 것입니다.

이러한 도리를 충분히 표현하기 위해서는 일정한 형식이 필요합니다. 상례는 자식의 입장에서 부모님 인생의 마지막을 꾸미는 일입니다. 그래서 순자는 "죽은 이를 대하는 도리는 꾸미지 않으면 추해 보이고, 추해 보이면 슬픈 정이 나타나지 않는다"라고 말합니다. 다시 말해, 상례와 제례는 부모를 여읜 아픔과 상실의 정감을 충분히 제대로 꾸미는 형식인 것입니다.

다음은 순자가 제사와 3년상의 의미를 규정하면서 죽은 자에 대한 도리를 설명한 구절입니다.

"3년상이란 사람의 정이 우러나는 낌새를 가늠하여 문식을 정한 것이며 아픔이 극에 이른 까닭인 것이다. 상복을 입고 상장을 짚으며 여막에 거처하고 죽을 먹으며 풀 자리를 깔고 흙 베개를 베는 것은 더없는 아픔을 꾸미기 위한 까닭인 것이다. (중략) 이것으로 끝내는 것은 죽은 자를 보내는 데 그만둘 기한이 있고 정상으로 돌아오는 데 절도가 있기 때문이 아니겠는가.”

죽은 자에 대한 도리를 할 수 있는 기회는 단 한 번뿐이기에 순자는 그 소중한 마음을 다 바쳐야만 한다고 보았습니다. 따라서 장례와 제사에서 예를 다하는 것은 가족을 떠나보낸 사람들의 지극한 슬픔을 표현하는 예의의 완성이 됩니다. 그러나 아무리 애통하더라도 죽은 자를 보내는 데는 기한이 있으며, 그 후에는 반드시 정상생활로 돌아오는 것이 올바른 절도라고 여겼습니다.

순자는 장례 문화에 대해 두 가지를 비판했습니다. 하나는 순장제도이고 다른 하나는 절장(節葬)입니다. 순장제도에 대해서는 공자, 맹자, 순자 모두가 강력히 반대했으며, 산 자를 죽여 부장하는 것은 살해라고 비판했습니다. 또한 순자는 묵가의 절장도 비판했는데, 절장이란 장례를 절약한다는 것을 의미합니다. 그는 “죽은 자에 대한 것을 깎아서 산 자에게 보태는 것을 일러 묵이라고 한다”라고 언급하며, 검소한 장례를 주장한 묵가를 각박하고 법도에 맞지 않는다고 비판했습니다. 이에 비해 묵가 학파는 유가의 후한 장례 의식과 오랜 상례기간을 백성의 입장에서 비판합니다.

장례와 상례에 대한 순자의 견해를 살펴보면서 알 수 있듯이 유가에서는 부모의 마지막에 대한 도리를 제대로 갖추어야 효도라고 여겼습니다. 인생의 시작과 끝에서 합당한 예를 실행해야만 비로소 사람의 도리가 완성되고 성인의 도리를 갖추게 된다고 본 것입니다.

이러한 제례의식에서 반드시 갖추어야 할 전제는 가까운 이를 향한 슬픔과 경건한 마음입니다. 다시 말해, 죽은 조상을 향한 사랑과 애통함이 전제되지 않는 예식은 형식만 남은 껍데기에 불과합니다. 이 점에서 순자와 공자의 생각은 일치합니다. 이러한 유가의 제례문화는 우리나라에 전래되어 조상숭배 관념과 함께 점차 고유한 제례문화로 정착하게 되었습니다.

제사는 부모를 향한
한결같은 마음의 표현이다

《예기》의 〈악기〉 편에서는 '큰 예법은 간략해야 한다'라고 했습니다. 이는 의례를 지나치게 화려하게 하지 말라는 의미입니다. 차례나 제사의 형식에 치중하다 보면 허례허식에 빠지기 쉽습니다. 제사는 자식이 부모를 생각하는 마음을 드러내는 의식으로,

중요한 것은 허례허식이 아닌 부모를 대하는 진실하고 일관된 태도입니다.

유가에서 부모를 대하는 도리는 생전과 사후가 한결같아야 합니다. 이는 유가 장례 문화의 중요한 원칙입니다. 순자는 상례나 제례에서 부모를 향한 사랑과 슬픈 마음이 바탕이 되어야 한다고 주장했습니다. 따라서 부모의 제사는 생전에 자식이 부모에게 가졌던 사랑과 감사의 마음을 사후에 그대로 표현하는 방법인 것입니다.

그렇기 때문에 제사는 형식보다 마음에 중점을 두어야 합니다. 무엇보다 부모를 기억하고 그들의 삶을 기리는 의식이 되어야 합니다. 부모의 생애를 기억하거나 함께했던 소중한 추억을 나누는 시간은 제사를 더 의미 있는 시간으로 만들어 줄 것입니다. 또한, 부모를 여읜 가족이 제사를 통해서 서로의 슬픈 감정을 나누고 이해하면서 정서적인 치유와 회복에 도움을 받을 수 있습니다. 제사는 고인의 삶을 회상하며 나 자신의 삶을 되돌아보는 시간으로서, 삶과 죽음에 대한 성찰의 시간이 되기도 합니다.

현대사회에 맞는 제사의 형식을 모색하는 몇 가지 방법이 있습니다. 생전에 부모가 가족들과 즐겨 먹거나 좋아하는 음식으로 제사음식을 차리는 것도 하나의 좋은 방법이 됩니다. 제사 절차를 간소화하여 가족이 함께 소통하는 시간을 늘리는 것도 좋은 방법입니다. 또한, 제사 대신 부모를 기리는 다른 방법으로, 부모의 기일에 생전에 좋아했던 장소를 방문하거나 의미 있는 자선활동이나 문화행사를 여는 것도 가능합니다. 이러한 대안은 현대사회에 맞게 부모를 추모하는 새로운 제사문화로, 여러 방법을 지속적으로 모색할 필요가 있다고 보여집니다.

이처럼 제사는 지나친 허례허식을 배제하면 단순한 의식을 넘어 개인과 가족에게 소중한 시간을 제공할 수 있습니다. 제사의 방식이 시대에 맞게 변화하더라도 순자가 말한 부모를 향한 사랑과 슬픈 마음이라는 본질적인 취지는 여전히 유효합니다. 따라서 우리는 제사가 부모에 대한 사랑과 감사의 마음을 담아서 고인을 그리워하고 기억하는 소중한 의식이 될 수 있도록 만들어 가야 할 것입니다.

불변의 지혜

제사의 가치는
격식이 아닌 마음에 있다.

4장

"이루고자 할 때는 의지가 필수다"

묵자의 실천

마음을 열면 모든 것이
열리는 이유

❖ 🪭 ❖

| 겸애교리 |

"차별 없이 서로를 사랑하고,
서로를 이롭게 하라."

"兼相愛, 交相利."

《묵자》, 〈겸애중(兼愛中)〉 편

제자백가 가운데 동양의 예수라 불리는 사람이 있습니다. 바로 사람들에게 서로 사랑할 것을 주장한 묵자입니다. 그의 사상 중 핵심은 '겸애'라는 개념으로, 다음은 《묵자》의 〈겸애하(兼愛下)〉 편에 나오는 이야기입니다.

"만약 자네가 전쟁을 나가기 위해 갑옷을 입고, 투구를 쓰고 있다고 하자. 자네는 살아서 돌아올 수 있을지 알 수 없는 상황이다. 그게 아니라면 군주가 멀리 사신을 보내려고 한다고 하자. 이 또한 다시 돌아 올 수 있을지 알 수 없는 상황이다. 그렇다면 자네에게 물어보겠네. 자네가 집을 비운 동안 자네는 집안의 관리와 부모님 봉양하는 문제와 처자의 부양 문제를 어떤 친구에게 부탁하겠는가? (중략) 자네에게는 두 종류의 친구가 있는데, 한 친구는 사람을 차별하지 않고 두루 사랑하려는 마음을 지닌 친구라네. 또 다른 친구는 내 가족, 내 집안부터 사랑하고 나서 다른 사람을 사랑할 수 있다고 생각하는 친구라네. 아직도 자네는 누구에게 부탁하는 것이 좋을지 잘 모르겠는가? 내 생각에는 누구라도 이런 상황이 되면 설령 '겸애(평등한 사랑)'를 비판하는 사람일지라도 반드시 겸애를 말하는 친구에게 부탁할 것이네. 이것이 바로 말로는 겸애를 틀리다고 하면서도 막상 위급할 때는 겸애를 취하게 되는 이유라네."

묵자는 이 이야기를 통해 겸애를 비판하는 사람조차도 자신이 막상 급한 상황에서 도움을 요청할 때는 겸애를 주장하는 사람에게 의탁하게 된다고 말하고 있습니다. 여기서 겸애란 차별 없는 평등한 사랑을 의미합니다. 묵자가 동양의 예수라고 불리는 이유도 이처럼 평등한 사랑을 주장했기 때문이지요.

겸애는 묵자의 대표적인 사상으로써 묵자는 '겸상애(兼相愛) 교상리(交相利)'의 기치 아래 자신의 이론과 실천을 전개해 나갔습니다. 이는 줄여서 '겸애교리'라고 하는데, 차별 없이 서로를 사랑하고, 서로를 이롭게 하는 것을 말합니다. 여기서 주목해야 할 점은 묵자가 겸애만을 말하지 않고 반드시 교리를 함께 언급한다는 것입니다. '서로를 사랑한다'라는 겸애와 '서로를 이롭게 한다'라는 교리를 동시에 강조하는 이유는 무엇일까요?

그 이유는 묵자가 주장하는 겸애가 단순히 감정적인 사랑을 넘어 경제적인 이로움을 준다는 의미의 사랑이기 때문입니다. 묵자가 보기에 사랑은 감정의 교류에 그치는 것이 아니라 실질적인 도움으로 이어져야 하는 것이었습니다. 따라서 서로 이로움을 줄 수 있는 사랑이야말로 묵자가 생각하는 진정한 사랑이었습니다.

그래서 겸애교리에는 노동의 대가를 공평하게 받는다는 의미가 담겨 있습니다. 당시 백성들은 귀족과 지배층에게 착취당했기 때문에 열심히 일을 하고도 정당한 대가를 받을 수 없었습니다. 묵자의 겸애교리는 이러한 상황에서 일한 만큼의 대가를 정당하고 평등하게 받는 것이 중요하다는 주장을 담고 있습니다. 다시 말해, 사랑과 이로움은 긴밀하게 연결되어 있으며 서로에게 실질적인 도움을 주지 않는다면 사랑이라고 할 수 없다는 것입니다.

천하의 이로움을 일으키고
천하의 해로움을 제거한다

사마천은 《사기(史記)》에서 묵자에 대해 간략하게 언급하면서, '묵적은 송나라 대부로, 방어 전쟁에 능하고 아낌을 강조했다'라고 기록했습니다. 묵자의 생몰년은 대략 기원전 480년에서 기원전 390년 사이로 추정되며, 공자보다 약 70년 뒤에, 맹자나 장자보다 약 100년 앞서 태어났습니다.

묵가가 활동했던 춘추전국시대는 사회적으로 극심한 혼란기였습니다. 이 혼란 속에서 하층 민중들은 굶주림의 고통과 각종 죽음의 공포에 시달렸고, 이러한 하층 민중의 마음을 대변한 학파가 바로 묵가였습니다. 묵자를 개조로 하는 묵가는 약 200년 동안 하층계급을 기반으로 널리 유행했으며, 이는 다른 제자백가들의 문헌에도 기록이 남아있습니다.

예를 들어, 맹자는 "천하의 말이 양주로 귀결되지 않으면 묵적으로 귀결된다"라고 했으며, 법가를 이론적으로 집대성한 한비자는 '세상의 유명한 학문은 유가와 묵가'라고 평했습니다. 여불위가 편집한 《여씨춘추(呂氏春秋)》에도 '묵자의 제자가 온 천하에 가득 차 있다'라는 말이 있습니다. 이를 통해 묵가는 전국시대를 통틀어 제자백가 가운데 가장 왕성하게 활동한 학파였음을 알 수 있습니다.

묵자의 열 가지 대표적인 주장을 '십론(十論)'이라고 하며 이것은《묵자》의 편명(篇名)에도 그대로 반영이 되어있습니다. 〈상현(尙賢)〉편은 '현명한 사람을 높임'이고, 〈상동(尙同)〉편은 '위로의 통일'인데, 다시 말해 윗사람을 높이 받든다는 의미가 있습니다. 〈겸애(兼愛)〉편은 '평등한 사랑'이고, 〈비공(非攻)〉편은 '침략전쟁을 반대한다'입니다. 〈절용(節用)〉편은 '쓰는 것을 절약한다'이고, 〈절장(節葬)〉편은 '장례를 절약한다'이며, 〈천지(天志)〉편은 '상제의 뜻을 따른다'입니다. 〈명귀(明鬼)〉편은 '귀신을 밝혀서 증명한다'이고, 〈비악(非樂)〉편은 '음악을 비판한다'이며, 〈비명(非命)〉편은 '운명론을 비판한다'입니다.

묵가의 주장에는 대부분 유가에 대한 비판이 전제되어 있는데, 주요 비판 내용은 다음과 같습니다. 유가가 상제와 귀신의 신명을 부정하는 점, 유가의 후장구상(厚葬久喪), 즉 성대한 장례와 오랜 상례 기간, 유가의 예악(禮樂)의 번거로움, 유가의 유명론(有命論), 달리 말해 운명론을 비판합니다. 이처럼 유가와 묵가는 사상적 기반이 달랐으며 정치와 사회의 부조리에 대한 대안에서도 서로 충돌했습니다.

앞에서 말했듯 묵가는 하층민을 대변한 학파였습니다. 묵자는 '굶주린 자가 먹지 못하고, 추운 자가 입지 못하며, 고단한 자가 쉬지 못하는 것'을 당시 하층 민중들의 세 가지 우환이라고 여기고 이를 '삼환(三患)'이라고 규정했습니다. 이를 해결하기 위해 묵자는 '삼무(三務)'를 주장했습니다. 삼무란 '부유한 국가, 많은 인구, 안정된 정치'를 뜻합니다. 묵자가 겸애교리를 통해 이로움을 공평하게 나누는 것이 사랑이라고 주장한 것은 굶주리고 춥고 고단한 백성의 고통을 외면하지 말라는 뜻이었습니다. 이처럼 묵자는 이론과 실천의 측면에서 '천하의 이로움을 일으키고, 천하의 해로움을 제거 한다'라는 입장을 철저히 견지했습니다.

일한 만큼의 대가를
보장받는 사회

겸애는 묵가학파의 핵심 사상으로써, 묵자는 "차별 없이 서로를 사랑하고, 서로를 이롭게 하자"라고 주장했습니다. 만약 모든 사람을 평등하게 사랑한다면 자원과 부를 공평하게 나누는 것이 당연할 것입니다. 《묵자》에서 겸애와 교리가 항상 함께 언급되는 것으로 보아 겸애는 재물을 소수가 독점하지 않고 골고루 분배하자는 '부의 공평한 분배 사상'이라고 봐도 무방합니다.

따라서 묵자의 겸애교리는 부의 공평한 분배에서 소외되는 하층민을 위한 주장이라고 볼 수 있습니다. 다시 말해, 겸애란 모든 사람을 차별하지 않고 최소한의 생활을 보장하자는 의미에서 평등한 사랑인 것입니다.

묵자는 개인의 이익보다 공동체의 이익을 우선시한 사상가였습니다. 그래서 부를 공평하게 분배하는 것이야말로 전체 공동체를 이롭게 하는 길이라고 본 것입니다.

그렇다면 묵자의 겸애교리 사상은 오늘날에도 의미가 있을까요? 현대사회에서는 부의 공평한 분배가 이루어지고 있을까요? 사실 오늘날 부가 공평하게 분배되고 있다고 보기는 어렵습니다. 그 이유는 부의 공평한 분배가 이루어지지 않은 사례들이 여전히 존재하기 때문입니다.

먼저 소득의 불균형 문제입니다. 예를 들어, 대기업 임원과 중소기업 노동자 간의 임금격차, 정규직 노동자와 비정규직 노동자 간의 임금격차, 현지인 노동자와 외국인 노동자 간의 임금격차 등이 있습니다. 더욱이 외국인 노동자의 열악한 근로 조건과 위험한 작업 환경은 사회의 안전을 위협하는 요소가 됩니다.

이렇게 일한 만큼 정당한 대가를 받지 못하고 동일한 업무를 하면서도 임금 차이가 발생하면 사람들은 일할 의욕을 잃게 됩니다. 이러한 소득의 불균형은 사회의 불평등을 심화시키고, 이는 사회적 약자들의 불만을 초래하게 됩니다. 사회적 약자들의 불만이 누적되면 이것은 사회 전체의 불안을 조성할 수 있습니다. 따라서 부의 불평등한 분배는 개인과 공동체 모두에게 불리하게 작용해 결국 공동체 전체의 발전을 저해하게 됩니다.

묵자가 살던 시대에 주장한 '차별 없이 서로를 사랑하고, 서로를 이롭게 하자'라는 겸애교리의 정신은 오늘날에도 여전히 중요한 의미를 지닙니다. 일한 만큼 정당한 대가를 보장받는 사회를 만들기 위해 다양한 개선책이 마련되어야 합니다. 예를 들어, 최저임금의 인상, 공정한 임금 지급, 노동자의 권리 보호 등을 통해 사회의 불평등을 해소해 나가야 합니다. 그렇게 된다면 사람들은 일할 의욕이 높아져 생산성이 향상될 것이며 빈부의 격차가 줄어들어 보다 나은 사회를 이루게 될 것입니다.

불변의 지혜

공정한 기회를 제공하고, 모두가 함께 성장할 수 있는
환경을 만드는 것이야말로 사랑의 실천이다.

극복하려면
멀어져라

❖ 🪭 ❖

| 명정론 비판 |

"운명론은 폭군이 지어낸 것이다."

"命者, 暴王所作."

《묵자》, 〈비명중(非命中)〉 편

영화 〈매트릭스〉에서 모피어스와 네오는 이런 대화를 합니다.

"자네는 운명을 믿나?"

"아뇨."

"왜지?"

"나 자신의 삶을 통제할 수 없으니까요."

이 영화는 〈매트릭스〉라는 가상 시뮬레이션 공간이 실제 세상이고, 인류는 지하 포드에서 기계의 에너지원으로 살고 있다는 설정 아래 전개됩니다. 모피어스는 네오에게 빨간 알약을 먹고 〈매트릭스〉에 대한 진실을 볼 것인지, 파란 알약을 먹고 계속 무지한 상태로 살 것인지 선택권을 줍니다.

"이게 마지막 기회다. 다시는 돌이킬 수 없어. 파란 약을 먹으면 이야기는 여기서 끝난다. 침대에서 깨어나 네가 믿고 싶은 걸 믿게 돼. 빨간 약을 먹으면 이상한 나라에 남아 끝까지 가게 된다"

네오는 빨간 약을 선택하고 먹습니다. 모피어스가 네오에게 건넨 빨간 약은 진실과 깨달음, 변화와 각성을 의미합니다. 파란 약은 안정과 무지, 안전한 선택을 의미합니다. 영화에서 빨간 약을 선택하고 진실과 마주한 네오는 자신의 운명을 개척하는 여정을 시작하게 됩니다.

〈매트릭스〉에서 네오가 자신의 삶을 통제할 수 없기 때문에 운명을 믿지 않는다고 했듯이 묵자도 운명을 믿지 않았습니다. 묵자는 운명론을 비판하고, 운명론을 믿는 것은 국가와 백성에게 해롭다고 주장한 사상가입니다.

《묵자》에는 〈비명〉 편이 있는데, '비명'이란 운명론을 비판한다는 뜻입니다. 이것은 유가의 '명(命)이 있다'라는 유명론과 직접적인 관련이 있으며, 당시 민간에 유행하던 명정론(命定論)을 포괄합니다. 명정론이란 운명이 정해져 있다고 보는 입장으로, 유명론과 명정론은 쉽게 말해 운명론이라고 할 수 있습니다.

다음은 묵자가 유자(유학을 공부하는 선비)인 공맹자와 나눈 대화입니다.

공맹자가 말하였다.
"가난하고 부유한 것과 오래 살고 일찍 죽는 것은 확실히 하늘에 달려 있는 것이어서 덜거나 보탤 수 없습니다."
그리고 또 말하였다.
"군자는 반드시 배워야 합니다."
묵자가 말하였다.
"사람들에게 배우라고 가르치면서 유명론을 고집하는 것은 마치 사람들에게 관을 쓰기 위해서 머리를 싸매게는 하면서 그 관을 버리라고 하는 것과 같습니다."

이 대화에서 묵자는 사람이 배우는 이유가 자신의 삶을 보다 더 낫게 발전시키기 위함인데 이미 부귀와 장수가 정해져 있다면 배움이 무슨 필요가 있느냐고 되물었습니다. 여기서 '머리를 싸매는 것'은 배움을 비유한 표현입니다. 묵자가 보기에 공맹자의 말은 마치 벼슬을 얻기 위해 열심히 공부하고서 정작 벼슬자리를 마다하는 경우처럼 모순되게 보인 것이지요. 다시 말해, 묵자의 비명은 유가의 유명론에 대한 비판인 것입니다. 묵자는 당시의 위정자가 '힘써야 할 세 가지'로 부강한 국가, 많은 백성, 정치의 안정을 들었으며 이러한 목표가 이루어지지 못한 근본적인 원인이 민간에 유명론자가 뒤섞여 있기 때문이라고 지적했습니다.

운명론
비판하기

묵자는 역대 훌륭한 왕들의 역사적인 사례를 들어 왕조의 치란(治亂)이 천명에 달려 있지 않음을 밝힙니다. 즉, 국가의 안정과 위태로움, 다스려짐과 혼란스러움의 여부는 위정자의 정치에 달려 있는 것이지, 명(命)이 정해져 있기 때문이 아니라는 것입니다.

이외에도 묵자는 《시(詩)》와 《서(書)》 등에 보이는 여러 가지 역사적 사례를 들어 '명이란 폭군이 지어낸 것'이라고 주장합니다. 예를 들어, 탕왕과 무왕 때 천하가 다스려진 것은 위정자가 힘을 들여서 정치를 했기 때문이지 운명 때문이 아니며, 천하가 어지러운 것은 걸왕과 주왕의 잘못 탓이지 그들의 운명 때문이 아니라고 생각했습니다.

묵자는 운명론을 비판하면서 무엇보다 국가와 백성에게 쓸모가 있나 하는 실용성의 여부를 강조했습니다. 즉, 국가와 백성에게 이로우면 옳은 것이고, 해로우면 잘못된 것이라는 판단을 내린 것이지요. 묵가에서 운명론을 비판하는 궁극적인 이유도 바로 이 점에 있습니다. 다시 말해, 묵자는 운명론이 백성에게 이롭지 않고, 소수의 지배자만 이롭게 한다고 판단했기에 비판한 것입니다.

묵자는 사람들이 운명론을 믿으면 그로 인해 결국 나라를 잃고 사직이 전복될 것이라고 경고했습니다. 〈비명〉 편에서 묵자는 운명론을 믿는 사람과 이를 악용하는 지배 계층의 횡포를 다음과 같이 묘사합니다.

> "공손하기 싫어하고, 방만하게 굴기 좋아하며, 음식을 탐내고 일을 게을리 하였다. 먹고 입을 재화가 부족하여 자신으로 하여금 굶주림과 추위로 얼어 죽을 근심을 갖기에 이르더라도 반드시 '내가 돼먹지 않고 내가 일을 부지런히 하지 않았다'라고 말하지 못하고 반드시 '내 명은 처음부터 궁하게 되어 있다'라고 말한다."

여기서 묵자는 스스로 부지런히 일하지 않아서 굶주리면서도 "처음부터 내 운명은 궁하게 정해져있다"라고 말하는 사람들을 비판합니다. 묵자가 보기에 운명이 정해져 있다는 주장은 매우 치졸하고, 순박한 이들을 현혹시키는 주장입니다.

만약 궁한 운명이 정해져 있다면 왕이 될 운명도 정해져 있다는 논리가 성립됩니다. 이것을 묵자는 "포악한 왕이 날조하고 궁지에 몰린 사람이 지껄인 것으로 인자(仁者)가 하는 말이 아니다"라고 했습니다. 이처럼 묵자는 지배 계층이 백성을 수탈하는 도구로 운명론을 악용하는 것을 비판했습니다. 그러면서 하층 민중들이 운명의 올가미에서 벗어나 적극적으로 분발하고, 자신의 빈곤 상태와 사회적 지위를 고쳐나가기를 희망했습니다.

따라서 〈비명〉 편에서 논의된 비명론은 소수인 지배 계층에 맞서 다수인 백성의 입장을 대변한 묵자의 공리주의 관점이 반영된 것입니다. 이는 운명에 안주하지 않고 자신의 삶을 개척하는 적극적이고 진취적인 사상을 드러낸 것이라고 볼 수 있습니다.

묵가가 운명론을 배척하는 배경에는 유가와는 달리 인간의 본질을 노동(노력)으로 규정하는 전제가 깔려 있습니다. 예를 들어, 맹자는 사람이 짐승과 다른 점을 사덕(인의예지)과 같은 선천적인 도덕성에 두었습니다. 반면, 순자는 사람의 사회적 속성을 강조하며, 사람만이 예의를 지니고 있기 때문에 사람은 천하에서 가장 고귀한 존재라고 했습니다. 여기에서 맹자와 순자는 도덕성이 선천적인가, 아니면 후천적인 사회적 속성인가의 차이를 보이지만, 공통적으로 인간의 본질을 도덕성을 기준으로 규정하고 있습니다.

묵자는 사람들이 힘써 노동해야 하는 이유는 부유해지고, 배부르고, 따뜻하게 지내기 위해서라고 합니다. 그래서 사람은 자신이 원하는 것을 이루기 위해 적극적으로 노력하고 힘써 노동해야 하는 것이지요. 묵자는 다스림, 혼란, 영예, 치욕, 빈부귀천 등은 운명에 달려 있는 것이 아니라 인간의 노력에 따라 달라지는 것이라고 주장합니다. 또한 당시 백성들이 겪는 굶주림과 추위도 인위적인 노력을 통해서 극복할 수 있다고 믿었습니다.

이처럼 운명론을 부정하면서 노동을 숭상하는 묵자의 사상은 주체적으로 운명을 극복하는 강인하고 진취적인 인생 태도를 보여 줍니다. 그의 비명론은 하층 민중들에게 현실을 극복하도록 활력을 불어넣어 준 학설이 되었습니다.

운명을 극복하는
선택

묵자는 운명이 정해져 있다는 논리는 포악한 왕이 날조하고, 궁지에 몰린 사람이 지껄인 것이라고 비판합니다. 그러면서 위정자가 운명론을 믿으면 나태하게 되고, 농부도 적극적인 노력을 하지 않기 때문에 국가와 백성에게 해롭다고 했습니다. 다시 말해, "나는 원래 군주로 태어날 운명이라 군주가 된 거야"라고 말하면서 지배를 정당화한다는 것입니다. 또한, 가난한 농부도 '원래 가난하게 살 운명이었다'라고 생각하게 만들어 더 이상 노력하지 않게 만든다는 것입니다.

하지만 묵자는 정해진 운명은 없고 사람이 노력하면 자신의 삶을 개선할 수 있다고 보았습니다. 바로 생산과 노동을 통해 가능하다고 본 것이지요. 따라서 그는 인류의 노동을 숭상하고 의미 있는 일에 힘쓰는 적극적인 인생 태도를 강력히 주장했습니다. 다시 말해, 묵자에게 노동이란 사람의 생명의 가치를 높이는 길이며, 운명을 극복하는 길입니다.

〈매트릭스〉에서 네오는 빨간 약을 먹고 매트릭스의 진실을 마주하게 됩니다. 네오가 파란 약을 선택해서 편안한 무지에 머무르지 않고 빨간 약을 선택해 불편한 진실과 맞대면하는 행동은 매트릭스 세상의 인간에게 처해진 운명을 극복하는 선택이었습니다.

〈매트릭스〉의 빨간 약과 파란 약은 우리가 중요한 결정을 내리는 순간에 어떤 선택을 하느냐에 따라 자신의 운명을 바꿀 수 있다는 걸 보여 줍니다. 그리고 네오는 이러한 선택을 통해 자신도 몰랐던 뛰어난 능력을 발견할 수 있었습니다.

사람이 살다 보면 빨간 약과 파란 약을 놓고 선택해야 하는 순간이 있습니다. 그 선택이 자신의 운명을 바꿀 수 있는데, 일단 선택을 하고 나면 그 선택에 따른 책임도 함께 져야 합니다. 그래서 알약은 신중하게 골라야 합니다. 선택의 순간에 나의 손이 뻗어 갈 때 그동안 내가 쌓아 온 지식과 철학과 세계관이 집약되어 선택을 하는 것입니다.

그렇기 때문에 좋은 선택을 위해서 늘 배우고, 생각하고, 경험하고, 사색하면서 자신의 철학을 정립할 필요가 있습니다. "아!

그때 잘못 선택했다!"라고 후회하지 않기 위해서 말이지요.

영화에서 매트릭스는 현실을 조작하는 시스템을 상징한다고 합니다. 이것은 묵자 당시 백성을 수탈하는 지배층의 지배 논리와 닮아 있습니다. 매트릭스 세상에서 네오가 기계와 싸우듯이 묵자는 전국시대 지배층의 각종 횡포와 전쟁의 폭력에 맞서 싸운 것입니다.

그렇다면 현대인의 삶속에서 매트릭스는 무엇일까요? 각종 광고나 미디어는 사람들의 인식에 영향을 주어 특정한 행동이나 생각을 유도합니다. 그리고 알고리즘에 의해 걸러진 정보는 사람들로 하여금 특정한 시각에 갇히게 합니다. 또한, 지나친 소비문화는 사람들을 물질적인 가치에 사로잡히게 하여 특정한 삶의 방식에 갇히게 합니다. 이런 것들이 현대사회의 매트릭스라고 볼 수 있습니다.

매트릭스를 자각하기는 쉽지 않지만 늘 정신을 깨어 있는 상태로 유지해 매트릭스 세상에 갇히지 않도록 해야 합니다. 이것이 묵자와 네오처럼 운명을 개척하는 삶의 태도가 아닐까요?

불변의 지혜

현실을 직시하고
자신의 선택과 노력으로 운명을 개척하라.

반드시 기준이
있어야 하는 이유

| 삼표법 |

"무엇을 일러 삼표라 하는가?"
묵자가 말하였다.
"근본(本)을 두고, 근원(原)을 삼으며, 쓰임(用)을 두는 것이다."

"何謂三表."
子墨子言曰,
"有本之者, 有原之者, 有用之者."

《묵자》, 〈비명상(非命上)〉 편

2008년에 있었던 중국의 멜라민우유 사건이 기억나시나요? 이 사건은 우유와 유제품에 멜라민이라는 화학물질을 첨가하여 단백질 함량을 조작한 사건입니다. 당시에 멜라민은 고단백식품의 품질을 부풀리기 위해 사용되었는데, 인체에 매우 유해한 물질입니다. 이 사건으로 인해 약 30만 명이 넘는 소비자들이 영향을 받았고 여섯 명이 사망했습니다.

이 사건은 큰 공분을 일으켰으며 식품안전에 대한 경각심을 높였습니다. 멜라민우유 사건이 발생하기 전까지 중국의 식품안전기준이 미비했다고 하는데, 그 뒤로 중국 정부는 식품안전기준을 강화하게 됩니다. 이 사건은 사회적 표준과 규제가 없을 경우 소비자에게 심각한 위험이 초래될 수 있음을 잘 보여 줍니다. 사회에서 올바른 기준이 세워지고 그 기준을 제대로 지키는 것이 얼마나 중요한지를 보여 주는 사례였습니다.

《묵자》에서 '삼표(三表)'는 묵가 사상의 논리를 전개하는 기준을 말합니다. 후기 묵가의 작품으로 알려진 《묵경(墨經)》의 논리적 성과는 세계 삼대 논리학의 하나로 평가받고 있으며, 전기 묵가의 내용 전개도 이에 못지않게 지극히 논리적입니다. 《묵자》에서는 다른 학파의 주장을 비판하거나 대안을 제시하고자 할 때 예외 없이 '본(本)', '원(原)', '용(用)'이라는 삼표에 근거합니다.

삼표는 첫째, 근본(本)을 상고시대 성왕의 역사적 기록에서 찾습니다. 이것이 본입니다. 즉, 상고시대 훌륭한 왕들의 치적 가운데 그러한 사례가 있었는지를 표준으로 삼겠다는 의미입니다.

둘째, 근원(原)을 백성들이 실제로 보고 듣는 경험에서 찾습니다. 이것이 원입니다. 백성들이 실제로 보거나 들은 경험을 가지고 증명하겠다는 의미입니다.

셋째, 효용성(用)을 국가와 백성에게 이익이 있는가의 여부에서 찾습니다. 이것이 용입니다. 이상의 세 가지를 표준으로 삼는 것을 삼표라고 합니다.

묵가의 주장인 십론에서는 모두 삼표가 적용되지만, 이 가운데 세 번째인 '국가와 백성에게 이익이 있는가'를 가장 강조합니다. 특히 〈비명〉과 〈명귀〉 편에서는 이 세 가지 근거를 모두 적용해서 자신의 주장을 논증합니다. 〈비명상〉 편에는 다음과 같이 삼표를 서술하고 있습니다.

> "무엇을 일러 삼표라 하는가? 묵자가 말하였다. 근본(本)을 두고, 근원(原)을 삼으며, 쓰임(用)을 두는 것이다. 어디에 근본을 두는가? 위로는 옛날 성왕의 일에 근본을 둔다. 무엇에 근원을 두는가? 아래로는 백성의 귀와 눈으로 보고 들은 사실을 살핀다. 어디에 쓰임을 두는가? 정치로 펼칠 때 그것이 국가와 백성에게 이로운지를 살핀다. 이것이 이른바 '말에는 삼표가 있다'라고 하는 것이다."

요컨대 삼표는 첫째, 상고시대 성왕의 사적을 비롯한 역사적 기록, 둘째, 백성들이 실제로 보고 듣는 경험, 셋째, 국가와 백성에게 효용성이 있는가의 여부를 기준으로 삼습니다. 이러한 역사적 사례를 통한 논증하는 방식은 개별적인 사례들로부터 보편적인 원리를 추론하는 귀납법과 유사합니다.

특히 삼표의 두 번째 요소인 '대중의 감각 경험으로부터 결론을 추론하는 방식'은 더욱 그러합니다. 묵가는 "하나의 눈으로 보는 것은 두 개의 눈으로 보는 것만 못하고, 하나의 귀로 듣는 것은 두 개의 귀로 듣는 것만 못하다"라고 말합니다. 예를 들어, 천자가 귀신처럼 현명할 수 있는 이유는 여러 사람의 이목을 빌려 자기가 보고 듣는 데 활용하기 때문입니다. 이목이 많으면 많을수록 그만큼 얻을 수 있는 정보의 범위가 넓어진다고 여겼습니다.

선진시기 제자백가 중에서도 인식에서 경험을 강조한 것은 묵가에만 국한된 것은 아닙니다. 그러나 대중이나 집단의 관찰에 근거해 판단을 내리라고 강조한 예는 찾아보기 어렵다는 점에서 묵가의 사상은 일정한 의의가 있습니다. 다만, 집단의 경험을 시비 판단의 기준으로 삼는 것이 반드시 합리적인 것은 아닙니다.

> "예로부터 지금까지 사람이 생겨난 이래로 일찍이 명(命)이라는 것을 보았거나 또는 그 소리를 들었다는 사람이 있었는가? 물론 아직까지 없었다."

여기에서 묵자는 명의 유 무를 대중의 경험에 의해 판단하려고 했습니다. 그렇지만 명 자체는 추상적인 개념이므로 본래 이목으로 확인할 수 있는 것은 아닙니다. 또한, 단순한 경험과 집단의 관찰은 착각을 초래할 수 있습니다. 이것은 합리성이 있느냐 없느냐를 떠나 오히려 당시 묵가 집단의 눈높이에 맞춘 것으로 이해하는 것이 더 타당합니다.

요컨대 묵자는 자신의 이론을 전개하는 과정에서 근거(本)와 실증(原)과 효용(用)이라는 세 가지 기준을 제시했습니다. 이 과정을 쉽게 이해하기 위해 문답 형식으로 재연해 보겠습니다.

"그렇게 말하는 근거가 무엇입니까?"
"옛날 훌륭한 왕들의 언행을 기록한 사적에 기록되어 있습니다."
"실제로 증명할 수 있습니까?"
"백성들이 보고 들은 사실에서 찾을 수 있습니다."
"효용가치가 있나요?"
"국가와 백성에게 이롭기 때문입니다."

바로 이러한 과정을 통해 묵자는 체계적이고 논리적으로 이론을 전개했습니다. 삼표법은 과거에서 근거를 찾고, 현재에서 증명을 해내며, 미래에 미칠 영향을 고려했다고 볼 수 있습니다. 특히 묵자는 이 중에서도 효용성에 주안점을 두었는데, 국가와 백성에게 이로움이 있는가가 가장 중요한 기준이었습니다. 다시 말해, 삼표에도 묵자의 공리주의적 사상이 반영되었다고 볼 수 있습니다.

이처럼 묵자가 삼표를 통해 이론을 전개한 것은 묵가가 어떤 판단이나 행동을 결정할 때 명확한 원칙과 기준을 가지고 있었음을 의미합니다. 묵가학파는 집단을 이루어 생활했으며 그들의 규율과 법은 매우 엄격했다고 합니다.

묵자가 삼표법을 주장한 이유는 일반 백성에게 인식의 기준을 제시하려는 목적도 있었지만, 묵가 집단의 공동체를 유지하려는 목적도 컸습니다. 묵자는 공동체를 유지하기 위한 인식의 기준을 제시함으로써 구성원들이 어떤 상황에서 어떻게 행동해야 하는지를 판단할 수 있도록 안내했습니다. 또한, 묵가 집단 내에서 구성원들의 행동을 평가하기 위한 명확한 기준을 제공했습니다.

기준이 있다는 것의
의미

묵자가 삼표라는 기준을 제시했듯 현대사회에서도 기준은 반드시 필요합니다. 기준이 왜 중요할까요? 사회에서 기준이 없다면 어떻게 될까요?

첫째, 사람들의 안진이 위협받게 됩니다. 건축기준이 없다면 부실한 건축물이 지어질 수 있고, 식품안전기준이 없다면 건강에 해로운 식품으로 인해 소비자의 건강이 위협받을 수 있습니다.

둘째, 특정집단이나 소수가 이익을 독점하는 등 사회적 불평등이 심화될 수 있습니다. 셋째, 법적인 기준이 없다면 범죄에 대한 처벌이 어려워져 범죄율이 증가할 수 있습니다. 넷째, 환경보호기준이 없다면 지나친 산업 활동을 제지할 수 없어 환경 파괴가 심각해질 수 있습니다. 따라서 사회에 기준이 없다면 사회 전반에 걸쳐 심각한 혼란이 야기될 것입니다.

기준은 집단이나 사회에만 중요한 것이 아닙니다. 개인의 기준은 자신의 가치관과 신념을 형성하는 데 중요한 역할을 합니다. 이는 자신이 어떤 사람인지, 무엇을 중요하게 생각하는지를 명확히 하여 정체성을 확립하는 데 도움을 줍니다. 따라서 한 개인이 지닌 기준은 선택과 결정에 중요한 영향을 미치며 행동 전반을 이끕니다. 사람에게 기준이 있다는 것은 자기만의 원칙이나 가치관이 확고하다는 의미입니다. 기준이 분명하게 세워져 있는 사람은 기준 없이 그때그때 다르게 행동하는 사람과는 분명히 차이가 날 것입니다.

기준이 있는 사람은 자신에게 주어진 문제를 해결할 때 명확한 기준을 바탕으로 문제를 진단하고 해결책을 찾아갑니다. 또한, 어떤 상황이 발생해도 기준을 벗어나지 않는 결정을 내릴 수 있으며, 혼란스러운 상황에서도 가야 할 방향을 잘 찾을 수 있습니다. 기준이 명확한 사람은 복잡한 상황에서 그 진가를 발휘합니다. 기준이 없거나 기준을 숙지하지 못한 사람보다 신속하고 정확한 결정을 내리기가 수월합니다. 또한, 기준이 있는 사람은 자신의 기준에 따라 행동하려 하기 때문에 대체로 책임감이 있는 모습을 지니게 됩니다.

그러나 자기 기준과 원칙이 지나치게 강하면 자칫 유연함을 잃어 매사에 경직되기 쉽고, 그로 인해 타인과 갈등을 유발할 수 있습니다. 또한, 개인이 설정한 기준에 너무 집착하면 시대의 흐름을 놓칠 수도 있습니다. 그렇기에 자신의 원칙을 지나치게 고집하지 않으면서 유연하게 기준을 잘 적용하는 것이 중요합니다.

불변의 지혜

견고한 기준을 세우되 상황에 맞추어
지혜롭게 유연성을 발휘하라.

유연할수록
잃지 않는 것이 있다

| 후장구상 비판 |

"이루어 놓은 재물을 묻어버리고
나중에 살아갈 일을 오래 금하면서
부유하기를 바라는 것은,
마치 농사짓기를 그만두고
수확을 바라는 것과 같다."

"財以成者, 扶而埋之, 後得生者,
而久禁之, 以此求富, 此譬猶禁耕而穫也."

《묵자》, 〈절장하(節葬下)〉 편

《장자》의 〈외물(外物)〉 편에는 도굴꾼과 관련한 한 우화가 등장
합니다.

유학자 둘이 무덤을 도굴하고 있었다. 무덤 밖에서 망을 보던 대유(큰 유학자)가 아래쪽을 향해 말했다.

"동방이 밝아온다. 일은 어찌되어 가느냐?"

그의 제자 소유(어린 유학자)가 대답했다.

"수의는 다 벗겼는데, 입속에 구슬을 물고 있습니다"

"넌 《시경(詩經)》도 못 읽었냐? '푸릇푸릇한 보리가 무덤 비탈에서 자라네. 살아서 남에게 베풀지 못했는데, 죽어서 어찌 구슬을 물고 있는가?'라 했지. 그의 머리카락을 잘 잡고 그의 턱수염을 아래로 당기면서 쇠망치로 그의 턱을 내리쳐라. 그러고 나서 천천히 입을 양쪽으로 벌려 입속의 구슬을 다치지 않게 해라!"

이러한 도굴꾼과 관련한 이야기가 《열하일기(熱河日記)》의 〈황도기략(黃圖紀略)〉 편에도 등장합니다.

옛날에 도적놈 셋이 함께 무덤 하나를 도굴하여 금을 얻었다. 저희들끼리

"오늘은 몹시 피곤하군. 금도 많이 얻었으니, 어찌 술 한 잔 안 걸칠 수 있겠는가?"

그중 한명이 흔연히 일어나 술을 받으러 갔다. 길을 가면서 스스로 쾌재를 부르며 다음과 같이 말했다.

"하늘이 준 기회로다. 셋이 나누기보다는 혼자 꿀꺽하는 게 백번 낫지."

그리고 나서 음식에 독을 타 가지고 돌아오니, 남아 있던 두 놈이 벌떡 일어나 술 받아 온 놈을 때려 죽였다. 그리고 술과 음식을 실컷 먹고 나서 금을 나누기로 했는데, 얼마 있다가 그 두 놈도 무덤 옆에 죽어서 나뒹굴었다. 슬프다. 그 금은 길가에 뒹굴다가 반드시 줍는 사람이 생겼을 것이다.

이상 두 편의 이야기는 무덤 도굴꾼을 풍자하고 있습니다. 오늘날과 마찬가지로 과거에도 도굴은 흔한 일이었나 봅니다. 묵자는 유가의 후장(厚葬)과 구상(久喪)을 반대했는데 후장이란 성대한 장례 문화를, 구상이란 3년상처럼 긴 상례기간을 말합니다. 묵자가 이를 반대한 까닭은 가난한 백성들에게 매장품은 큰 부담이 되며, 노동을 해야 하는 사람들이 길게 상을 지키는 것은 현실적으로 불가능하다고 보았기 때문입니다.

성대한 장례를 거부하고
간소한 장례를 제안하다

묵가는 사람이 죽은 뒤에 귀신이 된다고 보며 귀신의 실재를 증명하고자 했습니다. 예를 들어, 한 시골 마을에 들어가 물어 보면 귀신을 경험했다는 사람이 반드시 있을 것이라는 식으로, 지금 보면 매우 소박한 방식으로 귀신을 증명하고자 했습니다.

묵자가 귀신의 영험한 신통력을 강조한 이유는 사람들로 하여금 상제와 귀신의 존재를 믿고 두려워하게 만들어 교화하려는 목적에서였습니다. 이러한 귀신 신앙은 집단의 구성원들을 결집시켜서 백성들이 묵가의 이념을 위해 생명을 바쳐 헌신하게 하는 역할을 했습니다.

사실 묵가가 죽음을 대하는 태도에서 가장 두드러진 부분은 사자(死者)에 대한 이성적인 접근입니다. 얼핏 보면 묵가가 귀신의 존재를 긍정하거나 그 역할을 강조한 것과 모순되게 보이지만, 살아 있는 사람의 이로움을 우선한다는 점에서는 자연스러운 결과입니다. 이와 관련된 내용이 〈절장(節葬)〉 편에 반영되어 있으며 주로 유가의 후장구상 비판이 주요 내용입니다.

한비자는 《한비자》의 〈현학(顯學)〉 편에서 유가와 묵가가 서로의 상례를 비판하는 것을 두고 '묵자의 검소함을 옳다 여기면 공자의 상례는 사치하여 그릇된 것이고, 공자의 효행을 옳다 여기면 묵자의 상례는 인정에 어긋나 잘못된 것이 된다'라는 견해를 밝혔습니다.

또한, 《장자》에서는 묵가의 질장을 '그 살아서는 부지런하고, 그 죽어서는 박대했다'라고 했으며, 순자는 묵자의 절용을 '실용에 가려 문화를 몰랐다'라고 비판합니다. 그런데 사실 유가와 묵가가 상례와 장례에서 서로를 비판한 것은 각자 다른 계층을 대표하기 때문이고, 서로 다른 인생 태도를 지녔기 때문입니다. 묵가는 대부분 천민계층 출신이었기에 그들의 생활은 비교적 빈궁했고, 풍부한 매장품의 부담을 감당할 수 없었으며, 장기간 상을 지키는 것 또한 불가능한 일이었습니다. 따라서 후장구상의 기풍을 배척하고 '절장'을 제시할 수밖에 없었습니다.

《묵자》의 〈절장하〉 편에는 차례로 후장, 구상, 순장의 폐해를 지적합니다. 이를 통해서 당시에도 여전히 순장이 잔존하고 있었으며, 상류 귀족에게는 3년 상을 치르는 것이 보편적인 일이었음을 알 수 있습니다. 묵자는 순장을 포함해서 후장구상의 장례 방식이 노동자의 삶이나 노동에 장애가 되고, 나아가 국가와 백성에게 이롭지 않다고 여겼습니다. 특히 재력과 인력의 낭비가 심해 빈궁한 나라를 초래한다고 지적했습니다. 말하자면 생산된 재화를 죽은 사람의 묘에 안장하는 것은 순전히 낭비이고 무익한 일이라고 본 것입니다.

뿐만 아니라 남녀가 유별해서 인구증식에 제한을 받기도 합니다. 따라서 후장구상은 국가가 부유하기를 원하더라도 가난해지고, 백성의 수가 많아지기를 바라더라도 적어지며, 정치가 다스려지기를 바라더라도 어려워지는 상황을 초래합니다.

따라서 묵자는 죽은 자를 이미 묻고 나면 살아 있는 자는 반드시 오랫동안 곡을 하지 말고 빨리 생업에 종사하라고 했습니다.

왜냐하면 살아 있는 사람은 또 엄혹한 생존환경과 조건을 대면해야하기 때문입니다. 그는 노동을 통해 현실의 삶에서 노력하는 것이야 말로 죽은 자에 대한 추모와 위안이라고 여겼습니다.

〈절장〉 편의 내용을 요약하면 다음과 같습니다. 첫째, 후장구상은 국가를 부유하게 할 수 없고, 둘째, 백성의 수를 늘릴 수 없으며, 셋째, 정치를 잘 다스릴 수 없고, 넷째, 침략전쟁을 제대로 막아낼 수 없으며, 다섯째, 상제와 귀신의 복을 구할 수 없습니다. 따라서 묵자가 보기에 이것은 모두 국가와 백성을 해롭게 하는 일이 됩니다.

절도 있는
장례 방식

그렇다고 묵가에서 장례 의식 일체를 부정하는 것은 아닙니다. 묵가에서 〈절장〉의 의미는 장례 의식을 절도 있게 행하는 것입니다. 묵가는 후장과 함께 지나친 박장(薄葬)도 동시에 비판합니다. 그래서 묵자는 다음과 같은 장례 방식을 제안합니다.

"묵자가 매장의 법을 제정하고 말하였다. '세 촌(치와 같다. 1 촌은 약 3센티미터)의 관이면 충분히 뼈를 썩힐 수 있고, 세 벌의 옷이면 충분히 살을 썩힐 수 있다. 땅을 파는 깊이는 아래로 흐르지 않고 기운이 위로 새어나오지 않게 해야 하며, 봉분은 그 곳이 표시가 날 정도에 그친다. 오가면서 곡을 하고 돌아와서는 입을 것과 먹을 것의 재물을 만들기 위해 종사한다. (일해서 얻은 재물로써)제사에 쓰고 부모에게 효도를 다한다.' 따라서 '묵자의 법은 죽음과 생명의 이로움을 잃지 않는다'라고 말한 것은 이 때문이다."

이와 관련된 내용은 《장자》의 〈천하(天下)〉 편에도 보입니다. '지금의 묵자는 홀로 살아 있을 때 노래를 부르지 않고, 죽음에 임해서도 상복을 입지 않는다. 세 치의 오동나무 관에 곽(겉 관)을 쓰지 않는 것을 표준으로 한다'라고 기록되어 있습니다. 이와 관련해서 〈공맹〉 편에는 유자인 공맹자와 묵자의 대화가 다음과 같이 실려 있습니다.

공맹자가 묵자에게 말하였다. "선생은 3년상을 잘못이라고 하는데, 선생의 삼개월상도 그러면 잘못입니다." 묵자가 말하였다. "당신이 3년상을 가지고 3개월상을 비판하는 것은 마치 벌거벗은 사람이 옷자락을 걷은 사람을 공손하지 않다고 말하는 것과 같습니다."

여기에서 알 수 있는 것은 묵가는 3개월상을 치렀다는 것입니다.《한비자》의 〈현학〉 편에도 묵가가 3개월상을 주장한 것이 실려 있습니다. 요컨대 《묵자》의 〈명귀〉와 〈절장〉 편에 보이는 죽음관의 공통점은 죽은 사람에 대한 예의보다는 살아 있는 사람의 이로움을 우선한다는 것에 있습니다.

묵자는 귀신의 존재를 인정하고 귀신을 증명하려 했습니다. 그리고 성대한 장례식과 3년상을 반대했습니다. 이 두 가지는 얼핏 보면 모순되어 보입니다. 무엇보다 묵자가 후장구상을 비판한 것은 가난한 백성들의 고충 때문이었습니다. 삼표에 의거해서 "나라와 백성에게 이로운 일인가?"를 따져 보았을 때 '후장구상'은 이롭지 않은 일인 것입니다. 장례와 상례에 대한 유가와 묵가의 반대되는 주장은 단지 누구의 처지와 입장을 더 고려했는가의 차이입니다.

절도 있는
장례 문화의 개발

현대사회에서 3년상은 먼 과거의 이야기입니다. 더 이상 초막을 짓고 3년상을 치르지 않습니다. 그렇다면 3년이란 기간을 돌아가신 분에 대한 추모의 기간으로 보면 어떨까요? 그리고 주변에서 상을 당한 사람들의 슬픔을 위로하고 배려하는 기간으로 생각해도 좋을 것 같습니다. 그 기간이 꼭 3년이 아니더라도 일상으로 돌아오기까지 애통함과 그리움을 충분히 표현하고, 달래는 기간은 필요합니다. 묵자는 후하거나 박하지 않은 절도 있는 장례를 제시했는데, 오늘날 절도 있는 장례 문화는 무엇일까요?

첫째, 고인의 의견이 반영된 장례 문화입니다. 생전에 고인의 마지막 소망을 반영한 특정한 장례식 형태가 있거나, 선호하는 장소가 있다면 미리 가족들에게 밝힘으로써 남은 가족들이 어려운 결정을 내리는 부담을 덜어 주면 좋겠습니다.

둘째, 환경을 고려한 장례 방식에도 관심을 가져야 합니다. 외국의 사례인데, 2008년 미국 로렌스 주는 공동묘지에 녹색 매장을 최초로 허용했습니다. 녹색매장이란 시신을 소나무, 면화, 비단과 같은 생분해성 관에 넣어 매장하는 방식입니다. 녹색매장은 시신과 관까지 전부 분해되어 흙으로 돌아갑니다.

이밖에도 퇴비장, 캡슐매장 등이 고안되었는데, 모두 탄소배출이나 화학물질 배출의 단점을 해소하는 친환경적인 매장방식입니다. 우리나라에서도 '자연장'에 대한 선호도가 높아지고 있는데, 자연장은 유골을 잔디, 화초, 나무의 밑이나 주변에 묻어 장사지내는 방법입니다.

셋째, 현대사회의 정서에 맞는 장례 문화가 필요합니다. 장례식장에서 상주의 이름이 적힌 안내판에는 여전히 가부장적인 잔재가 남아 있는데, 이제는 딸과 아들의 구별 없이 먼저 태어난 순서대로 자식의 이름이 올라가고, 그 뒤에 며느리와 사위가 이름을 올리는 것이 현대의 정서에 맞아 보입니다. 요컨대 고인의 의견이 반영되고, 환경을 고려하면서, 현대사회의 정서를 담아 내는 장례 문화가 개발되고 정착되어야 합니다.

불변의 지혜

장례의 전통을 존중하되
시대의 흐름에 맞게 유연하게 조화시켜라.

"계속해서
부딪쳐야 한다"

❖〰❖

| 묵가의 실천력 |

"행동으로 옮길 수 있는 말은 높이고,
행동으로 옮길 수 없는 말은 높이지 않는다."

"言足以遷行者, 常之, 不足以遷行者, 勿常."

《묵자》, 〈귀의(貴義)〉편

환경오염의 심각성을 느끼는 사람은 많지만, 실제로 이를 위해
행동하는 사람은 얼마나 될까요? 대부분이 생각과 행동이 일치하
지 못하는 경우가 많습니다.

얼마 전 두부를 사기 위해 5일장에 갔다가 환경 보호 문제와 관
련해 깊이 반성하게 된 일이 있었습니다. 제가 사는 지역의 5일장
에서는 여전히 대부분의 상품을 비닐봉투에 담아 줍니다. 특히 국

산 콩으로 만든 따끈한 두부는 이 5일장에서 줄서서 사야 하는 인기 품목입니다. 이때 두부는 플라스틱 용기에 담아 얇은 비닐로 묶고, 다시 비닐봉투에 한 번 더 담아 주곤 합니다. 그날도 두부를 사기 위해 줄을 서서 기다리고 있었는데, 앞에 서 있던 할머니가 자신의 차례에 주섬주섬 유리로 된 밀폐용기를 꺼내셨습니다. 그 용기의 크기는 두부 두 모가 딱 들어가는 크기였습니다. 그 모습을 보며 제 자신이 부끄러워졌습니다. 할머니의 행동은 환경을 위해 실천하는 태도가 무엇인지를 일깨워 주었습니다.

묵자도 이와 같은 실천의 중요성을 강조한 사상가였습니다. 그는 생각한 대로 말하고, 말한 대로 행동하며, 세상의 이익을 위해 자신을 헌신했던 실천가였습니다.

《사기》와 《여씨춘추》, 《회남자(淮南子)》 등에서 묵자의 이름은 '묵적'으로 기록되어 있습니다. 즉 성이 '묵'이고, 이름이 '적'이라는 것이지요. 그리고 이것이 학계의 일반적인 견해였습니다. 그런데 '묵'은 성이 아니라 학파의 명칭으로 봐야한다는 견해가 있습니다. 왜냐하면 고대에 '묵'이라는 성이 없었다고 합니다.

일반적으로 묵은 몇 가지 상징적인 의미를 지니는데, 우선 얼굴색이 검다는 의미와 검은 옷이라는 의미에서 노동하는 계층을 상징합니다. 그리고 죄인의 이미 등에 글씨를 새기는 '묵형'이라는 형벌을 상징합니다. 어쨌든 묵이 상징하는 의미를 살펴보면 묵가 학파의 기반이 하층계급이었다는 사실을 짐작할 수 있게 됩니다.

묵자가 살던 당시는 제후들이 패권을 다투던 극심한 혼란기였습니다. 하루가 멀다 하고 일어나는 전쟁으로 말미암아 백성의 삶은 너무나 고통스러웠습니다. 따라서 묵자는 침략전쟁을 반대하고 평화를 유지하기 위해 약자의 편에서 방어전쟁을 수행했습니다. 그리고 자신의 신념을 알리고, 유세하러 다니느라 쉴 틈이 없었습니다. 한마디로 그는 뛰어난 사상가이자 실천가이며, 방어에 능한 군사 전문가이며, 전쟁을 반대한 반전 운동가였습니다.

빗물로 목욕하고
바람으로 빗질한다

묵자는 "행동으로 옮길 수 있는 말은 높이고, 행동으로 옮길 수 없는 말은 높이지 않는다"라고 말합니다. 이것은 생각과 말에만 그치는 말은 가치 없게 여기고, 행동으로 실천하는 말만을 가치 있게 본다는 의미입니다. 이러한 생각을 엿볼 수 있는 사례로 제자 고자(맹자에 나오는 고자와 다름)와의 대화가 있습니다.

고자가 묵자에게 말하였다.
"저는 국정을 다스릴 수 있습니다."
묵자가 말하였다.
"정치는 입으로 말한 것을 몸으로 반드시 행하는 것이다. 지금 자네가 입으로는 말하면서 몸으로는 행하지 않으니, 이 것은 자네가 자신의 몸을 어지럽히는 일이다. 자네가 자네의 몸을 다스릴 수 없는데 어찌 국정을 다스릴 수 있겠는가? 자네는 다만 자네의 몸을 어지럽히지 말게!"

이 대화는 말한 바를 행동으로 옮기지 않으면서 포부만 있는 제자를 향한 묵자의 따끔한 질책을 담고 있습니다. 특히 '정치는 입으로 말한 것을 몸으로 반드시 행하는 것'이라는 구절은 오늘날 정치인들이 마음으로 새길 만한 구절인 듯합니다.

묵자는 역대 뛰어난 임금 가운데 특히 우임금을 높였는데, 자신의 몸을 돌보지 않고 오로지 치수사업에 헌신했던 우임금에 대해서 '빗물로 목욕하고 바람으로 빗질했던 큰 성인'이라고 칭송합니다. 이 말은 우임금이 그야말로 비바람을 무릅쓰고 강행군을 했다는 말인데, 너무 바빠서 비가 내릴 때 비를 맞는 것으로 목욕을 대신하고, 머리카락이 바람에 나부끼고 흩날리는 것을 빗질한다고 표현한 듯합니다.

묵자는 이러한 우임금의 헌신적인 실천을 본받고자 했으며, 실행에 옮겼습니다. 묵자의 군사학 자료집 가운데 〈비제(備梯)〉편에는 제자인 금 골리가 묵자의 문하에 들어가서 삼 년 만에 손발에 굳은살이 생기고 얼굴이 시커멓게 변했다는 기록이 있습니다. 이 대목은 묵가의 이념을 실천하느라 묵가집단이 얼마나 고군분투

했는지 짐작할 수 있게 합니다.

이러한 묵자에 대해 《장자》에서는 '묵자는 정말 천하에 좋은 사람이며, 장차 구하려다가 뜻을 얻지 못했다. 비록 몸이 야위어 말라 비틀어져도 그만 두지 않았으니, 재주 있는 사람이다'라고 높이 평가했습니다. 심지어 묵가를 금수와 같다고 비판한 맹자조차 묵자에 대해 "정수리부터 발뒤꿈치까지 온몸이 다 닳도록 천하를 이롭게 하려고 노력했다"라고 칭찬을 할 정도였습니다.

남들이 안 하면
나라도 해야지

묵자가 어느 날 노나라에서 제나라로 가는 길에 친구를 방문했다고 합니다. 친구는 묵자에게 세상 사람들이 모두 의로운 행동을 하지 않는데, 왜 자네 혼자 스스로를 괴롭히면서 행동 하냐고 묻습니다. 그러면서 이제 그만두라고 권유합니다. 친구의 말을 들은 묵자는 이렇게 대답합니다.

"가령 어떤 사람에게 자식이 열 명 있는데, 한 명만 농사를 짓고 아홉 명은 한가하게 있다면 농사짓는 사람은 더욱 열심히 하지 않을 수 없을 것이네. 무슨 까닭인가? 즉, 먹는 사람은 많고 농사짓는 사람은 적기 때문이네. 지금 천하가 의로운 행동을 하지 않는다면 자네는 응당 나를 격려해야 할 터인데 무슨 까닭에 나를 말리는 것인가?"

우리는 "남들도 하지 않는데, 내가 왜 하지? 나 혼자 한다고 세상이 달라질 수 있을까?"라며 행동하지 않는 핑계를 대곤 합니다. 그런데 묵자는 "남들이 안하니까 나라도 해야 한다"라는 태도를 보이고 있습니다. 한발 더 나아가 이런 나를 격려는 못할망정 왜 말리느냐고 되묻습니다. 묵자의 이런 적극적이고 소신 있는 기백은 세상 사람을 향한 진정한 사랑이 없이는 불가능한 것입니다. 묵자 본인이 이런 생각을 실행에 옮겼고, 그를 따르는 묵가집단 또한 그렇게 했습니다.

사마천은 《사기》에서 묵자를 '방어에 능했다'라고 평했는데, 그 구체적인 사례가 〈공수(公輸)〉 편에 실려 있습니다. 〈공수〉 편은 강대국인 초나라가 약소국인 송나라를 침공하려 한다는 소식을 듣고 묵자가 십일 밤낮을 달려가서 초나라 왕을 설득하고 전쟁을 저지시켰다는 일화입니다.

이날 묵자가 초나라의 침략전쟁을 막고 돌아가는 길에 송나라를 지나갔다고 합니다. 그런데 비가 내려서 성문 안으로 들어가 비를 피하려고 했습니다. 하지만 문지기가 들여보내지 않았습니다. 그때 비를 제대로 피할 수조차 없었던 묵자는 "신묘하게 일을 처리하는 사람은 세상 사람들이 그 공로를 모르지만, 드러내놓고 다투는 사람은 세상 사람들이 알아준다"라는 말을 남깁니다.

이 일화에 등장하는 송나라의 문지기는 강대국 초나라의 침략으로 목숨을 잃을 수 있었고, 나라를 잃을 수도 있었습니다. 그런데 송나라 사람을 전쟁으로부터 지켜낸 묵자가 정작 송나라에서는 비를 피할 수조차 없었던 것입니다.

작은 것부터
실천하기

묵자는 천하를 이롭게 하는 일이라면 온몸이 다 닳도록 노력한 실천가였고, 자신의 신념을 철저히 행동으로 옮겼던 사상가입니다. 오늘날에도 우리의 주변에는 보다 나은 세상을 만들기 위해서 자신의 신념을 행동으로 옮기는 사람들이 있습니다.

그 사람들은 약소국의 침략전쟁을 막아내는 거창한 일을 하는 사람들이 결코 아닙니다. 플라스틱과 비닐의 사용을 줄이기 위해서 5일장에 유리용기를 챙겨온 할머니와 비닐봉지 사용을 줄이자는 캠페인을 하던 환경단체 회원들이 바로 그런 사람들입니다. 생활 속에서 자신의 생각을 실천하는 것이 조금은 귀찮아도 장바구니나 밀폐용기를 챙겨 나가는 작은 실천에서 시작합니다.

이밖에도 작지만 보다 나은 세상을 만들기 위한 실천에는 주변 사람들에게 친절하게 행동하기, 알고 있는 지식과 정보를 나누기, 긍정적인 메시지를 전하는 콘텐츠를 공유하기, 도움이 필요한 친구나 이웃에게 도움을 주기, 건강에 해로운 행동은 줄여가기 등이 있습니다.

또한 환경을 위한 작은 실천에는 사용하지 않는 전등 끄기, 세면대 물 틀어 놓지 않기, 쓰레기 줄이기, 에너지 효율이 높은 제품 사용하기, 지역에서 생산된 농산물을 구매해서 운송과정에서 발생하는 에너지 줄이기 등이 있습니다. 이밖에도 생활 속에서 실천할 수 있는 행동은 많이 있습니다.

내가 하고 싶은 일과 할 수 있는 일을 메모해 보고, 그중에서 할 수 있는 일부터 하나씩 실천해 보면 좋겠습니다. 이런 작은 실천들이 모여서 조금씩 세상의 변화를 이끌어 낼 수 있습니다. 보다 나은 세상은 나의 작은 행동에서 시작됩니다.

불변의 지혜

생각에 머물지 말고
지금 당장 행동으로 옮겨라.

5장

"마음을 따르니 걸리는 바가 없다"

노자의 자존감

왜 억지로
취하려 하는가

◈ 🪭 ◈

| 무위자연 |

"억지로 하지 않으면서도 하지 않음이 없다."

"無爲而無不爲."

《노자》 37장

《장자》의 〈응제왕(應帝王)〉편을 보면 남해의 신 '숙(鯈)'과 북해의 신 '홀(忽)'이 중앙의 신 '혼돈(渾沌)'에게 잘 대접받는 일화가 나옵니다.

"숙과 홀은 수시로 혼돈의 땅에서 만나 어울려 놀았는데, 혼돈은 그들을 매우 잘 대접했다. 숙과 홀은 혼돈의 은혜에 보답할 방법을 의논했다. '사람들은 모두 일곱 개의 구멍을 가지고서 보고 듣고 먹고 숨을 쉬지. 그런데 이 혼돈에게만 그런 것이 없으니, 그에게 구멍을 뚫어 주기로 하세.' 그들은 하루에 한 개씩 구멍을 뚫어주었는데, 혼돈은 7일 만에 죽어 버렸다."

'혼돈칠규(混沌七竅)'라는 사자성어가 이 우화에서 나왔는데, 여기에서 일곱 개의 구멍(눈 두 개, 귀 두 개, 콧구멍 두 개, 입 하나)은 사람 얼굴에 있는 감각기관을 의미합니다. 즉, 감각기관을 통해서 들어오는 온갖 정보와, 감각기관의 욕망을 만족시키기 위한 온갖 인위적인 행동이 결국은 도를 죽이게 된다고 본 것입니다.

우화 속에 나오는 숙은 '재빨리' 또는 '재앙'이라는 의미가 있고, 홀은 '갑자기' 또는 '멸하다'라는 의미가 있습니다. 혼돈은 이것저것 마구 뒤섞인 상태를 말합니다. 여기에서 혼돈은 순박한 '무위자연'의 완전한 도의 모습입니다. '고분지통(鼓盆之痛)'의 일화에서도 도의 모습은 까마득하고 어렴풋한 상태로 묘사됩니다.

이것은 자연이 인간의 인위적인 행위에 의해 파괴되는 모습을 상징적으로 나타낸 우화입니다. 노자는 자연을 강조한 철학자입니다. 중앙의 신 혼돈이 상징하는 '무위자연(無爲自然)'은 바로 노자의 중심사상입니다.

노자는 선진시기 제자백가 가운데 도가의 개조로서 5천여 자의 《노자》를 저술했는데, 이 저술은 때로는 통치 철학을 담은 정치사상서가 되기도 하고, 인생의 지침서나 조언서가 되기도 했으며, 명상을 위한 안내서가 되기도 했습니다.

요컨대 《노자》는 제자백가 가운데서 지금까지 꾸준히 사랑받는 텍스트 가운데 하나입니다. 그리고 1973년 백서본의 발굴과 1993년 죽간본의 발굴은 《노자》의 연구를 더욱더 현재 진행형으로 만들고 있습니다.

도가의 중심사상인 무위자연은 억지로 하지 않으면서 스스로 그러함을 의미합니다. 천인관계론의 측면에서 볼 때 도가에서의 '천'은 바로 '자연'입니다. 즉, 도가철학은 모든 인위를 부정하고 자연 천 속에 사람을 포괄한다는 측면에서 '천인합일'이라고 볼 수 있습니다.

노자는 "천지는 영원하다. 천지가 장구할 수 있는 까닭은 스스로 살려고 하지 않기 때문에 오래 살 수 있는 것"이라 해서 무위자연이야말로 만물이 영원할 수 있는 방법이라고 보았습니다. 따라서 노자의 이러한 관점은 "무위에서 삶을 구하는 것"이라고 볼 수 있습니다. 생사의 일은 애써서 구한다고 얻어지는 것이 아니고, 모두 자연의 일이며, 만물은 최종적으로 자연으로 되돌아간다고 보기 때문에 자연에 순응할 것을 주장하는 것입니다.

그리고 지나치게 삶을 좋게 하려는 행위는 결코 오래 사는 길로 가지 못할 것이라고 했는데, "만물이 끊임없이 살려고만 하면 장차 소멸하게 될 것"이며, "삶을 보태려 하는 것은 불길한 일"이라고 했습니다.

> "사는 길을 떠나 죽는 길로 들어서는구나. 삶의 부류가 열에 셋이고, 죽음의 부류가 열에 셋이다. 그런데 사람들은 삶을 살리려 하지만, 하는 일마다 모두 죽는 길로 가는 것이 또 열에 셋이구나. 왜 그런가? 지나치게 삶을 좋게 하려 하기 때문이다."

《노자》에서는 "삶을 살린다"라는 말이 부정적인 의미로 쓰였습니다. 노자는 계속 자신을 살리려고 하는 지나친 욕망은 죽음으로 들어서는 길이라고 보았습니다. 말하자면 의식적으로 생명을 늘리고자 하면 생명에 오히려 부정적인 나쁜 영향을 주어서 죽음을 가속화시킨다고 본 것입니다.

요컨대 잘살고자 애쓰지 않는 무위의 태도가 멀리 보면 의식적으로 생명을 기르는 것보다 낫다고 본 것인데, 이른바 "자기를 도외시하기에 자기를 보존한다"라는 말이 이와 같은 의미입니다. 노자가 이처럼 삶을 늘리려하지 말고, 무위의 삶을 구하라고 한 이유는 천지자연의 모습이 무위하기 때문입니다. 따라서 노자가 보기에 "자연의 이치대로 산다면 오래 갈 수 있으며, 죽을 때까지 위태롭지 않게"되는 것입니다. 이와 같이 노자는 자연의 무위를 본받아서 살아갈 것을 여러 차례 언급했습니다.

억지로 하지 않으면서
하지 않음이 없는 정치

이러한 무위자연은 정치에서도 적용되는데, 노자는 통치자에게 백성을 사랑하고 나라를 다스림에 무위의 방식으로 할 수 있는지를 물었습니다. 다음은 노자가 이상적으로 생각하는 통치의 형태를 기술한 장입니다.

> "최고의 단계에서는 백성들이 통치자가 있다는 것만 안다. 그 다음은 친밀함을 느끼고 그를 찬미한다. 그 다음은 그를 두려워한다. 그 다음은 그를 비웃는다. 통치자가 백성들을 믿지 않기 때문에 백성들도 통치자를 믿지 못한다. 조심스럽구나! 그 말을 아낌이여. 공이 이루어지고 일이 마무리되어도 백성들은 모두 '우리는 원래부터 이랬어!'라고 하는구나."

여기서 최고의 통치자는 존재감만 있는 통치자라고 합니다. 주목할 것은 인기가 있거나 영웅적인 통치자를 최고의 통치자로 여기지 않는다는 점입니다. 통치자가 있다는 것만 아는 단계란 백성의 권리가 보장되고, 주인의식이 강할 때 가능한 것입니다.

노자가 보기에 최고의 정치란 '억지로 하지 않으면서도 하지 않음이 없다'라는 통치 철학이 지켜지는 정치입니다. 따라서 통치자가 만일 그 이치를 지킬 수 있다면 만물은 저절로 교화될 것이라고 보았습니다.

또한 노자가 가장 이상적으로 생각한 정치형태인 '소국과민(小國寡民)'은 작은 나라 적은 백성이라는 의미인데, 무위사상이 정치에 적용된 또 다른 예라고 볼 수 있습니다. 노자는 공동체의 규모가 커질수록 인위적인 요소가 커진다고 보았습니다. 인위적인 요소는 규칙, 제약, 규범, 서열, 등급, 경쟁, 착취, 권력, 이념 등을 말합니다. 노자는 이런 요소가 커지게 되서 인간의 본성을 왜곡하고 행복이 훼손될 것을 우려합니다.

춘추시대는 약육강식의 논리가 지배하던 사회였는데, 노자의 이러한 정치적 이상은 강한 나라가 약소국을 무력으로 병합하여 나라를 확장해 가던 세태에 대한 비판적인 입장을 보여 주고 있습니다. 요컨대 《노자》의 중심사상인 무위자연은 인위와 문명보다 소박한 무위의 삶을 지향하는 것입니다. 한편, 노자의 자연주의 관점은 오늘날 기후위기에 직면해서 더욱 부각되는 측면을 지닙니다.

무위자연으로
살기

《노자》에서 무위자연이 함께 쓰인 적은 없습니다. 무위와 자연이 각각 따로 언급됩니다. 무위는 총12회 가량 나오는데, 뜻은 '억지로 하지 않는다'이고, 유위와 반대되는 개념입니다. 그리고 자연은 23장과 25장에 총 두 번 나오는데, '자연스럽다' 또는 '스스로 그러하다'라는 의미로 쓰였습니다.

노자는 왜 그렇게 무위를 강조했을까요? 그것을 알기 위해서는 먼저 우리가 일상에서 억지로 할 때와 억지로 하지 않을 때를 비교해 볼 필요가 있습니다. 억지로 일을 하면 어떻게 될까요?

우리가 무언가 하고 싶지 않은 일을 억지로 하게 된다면 바로 스트레스를 느끼고 그로 인해서 건강에 나쁜 영향을 미치게 됩니다. 억지로 하는 일은 집중력과 효율이 떨어지고 흥미도 없기 때문에 결과적으로 그 일을 그만두게 될 가능성이 커집니다. 또, 타인의 요구와 기대에 맞추는 일이다 보니 갈등과 회의가 쉽게 생길 수 있으며, 반복되면 우울감과 무기력감이 올 수 있습니다. 이러한 과정은 자신의 욕구나 감정을 무시한 채로 일어난 일이기 때문에 자신에 대한 존중감도 함께 떨어지게 됩니다.

이와 반대로 억지로 하지 않고 자발적으로 하면 자신의 욕구나 감정을 존중하는 것이기 때문에 나의 자존감이 올라가며, 무엇보다 스트레스가 줄어듭니다. 또한, 하고 싶어서 하는 일은 창의력도 발휘되고, 진정한 만족감을 느끼게 되어서 삶의 질도 높아집니다.

이러한 현상은 사람과의 관계에서도 그대로 적용이 됩니다. 사람들이 억지로 대인관계를 맺지 않고 원하는 관계를 형성하면 서로에게 솔직하게 대하게 되고, 이것을 바탕으로 신뢰를 쌓으면서 진정한 관계를 형성할 수 있습니다.

이상에서 보았듯이 억지로 하지 않을 때 훨씬 긍정적인 결과를 얻게 된다는 걸 알 수 있습니다. 결국 무위의 방식은 자신의 감정과 욕구를 존중하면서 자발적으로 사는 건강한 삶의 방식이라고 할 수 있습니다. 노자는 무위와 함께 자연을 말했는데, 그렇다면 자연스럽다는 것은 무엇일까요? 언제 사람들은 자연스럽다고 하나요?

일반적으로 '자연스럽다'라는 말은 가공하고 꾸미지 않은 본연의 상태가 유지될 때를 말합니다. 어떤 사람의 행동이 자연스럽다고 느끼는 경우는 그 행동이 주변의 사람이나 상황에 어색하지 않게 조화로운 관계를 이룰 때입니다. 일이 자연스럽다는 것은 일의 앞뒤 맥락이 잘 맞아서 그 흐름이 어색하지 않고 매끄럽다는 의미입니다.

이렇게 살펴보니 무위와 자연은 서로 통하는 개념입니다. 현대인의 삶에서 무위자연의 방식을 적용하면 지나치게 경쟁하는 사회에서 조금은 편안해질 수 있게 됩니다. 세상의 잣대에 나를 맞추지 말고 내 안에서 자연스럽게 나오는 나의 요구와 바람에 귀를 기울여야 합니다. 가능하다면 억지로 하는 일은 줄이고 하고 싶은 일을 하는 것이 가장 효율적입니다.

그렇다고 그것이 하고 싶은 것만 한다는 의미는 아닙니다. 노자가 "무위자연 하라"라는 것이 자기 하고 싶은 것만 하고 살라는 의미는 아니었으니까요. 그보다는 자신을 존중하면서 자연스럽게 자신의 역량을 끌어올리는 가장 좋은 방법으로 제시한 것입니다. 이렇게 노자의 무위자연 사상은 오늘날에도 나와 주변이 조화를 이루는 편안한 삶의 방식으로 실현될 수 있습니다.

불변의 지혜

억지로 이루려 하지 말고 흐름에 몸을 맡겨라.
그 속에서 진정한 나를 발견하고 조화로운 삶을 누릴 수 있다.

무엇도 두렵지 않게 될
단 하나의 원리

❖ ❦ ❖

| 도와 덕 |

"도는 낳고 덕은 기른다."

"道生之, 德畜之."

《노자》 51장

"높은 데 있는 사람은 반드시 위태로움이 뒤따르게 되고, 많은
재산을 갖고 있는 사람은 반드시 가난이 뒤따르게 된다. 사랑하
는 사람에겐 반드시 이별이 뒤따르게 되고, 태어난 것은 반드시
죽음이 뒤따르게 된다. 빛은 반드시 어둠을 동반하나니, 이것이
바로 불변의 진리이다."

이 글은 불교의 《열반경(涅槃經)》에 나오는 말로, 세상의 모든
현상은 고정되어 있지 않고, 늘 변화한다는 의미를 담고 있습니

다. 그리고 그 변화의 과정에서 반대되는 성질이 나타난다고 말하고 있습니다.

노자는 복에는 화가 엎드려 있고, 화에는 복이 기대어 있다고 합니다. 이렇게 사물은 내부에 대립하는 성질을 지니고 있으면서 하나의 성질이 세력이 강할 때는 그 성질이 발현되지만, 차츰 다른 성질이 우세하게 되면 원래 있던 성질은 사라지게 되는 것입니다.

만물은 태어나서 성장과 노쇠를 거쳐 죽음에 이르게 됩니다. 자연에서 이 법칙을 벗어나는 생명체는 없습니다. 도가에서는 이런 만물의 생성과 변화의 원리를 '도(道)'라고 부릅니다. 즉, 도가에서는 도와 덕의 개념을 가져와서 변화의 원리를 설명하고 있습니다.

도의 원리와
덕을 쌓는 과정

노자는 천지만물이 도라는 원리로 존재한다고 생각했습니다. 도는 도가 철학 사상의 최고 범주로써 우주만물의 생성과 변화의 원리를 의미합니다. 시상의 로고스(logos)와 같은 의미로 쓰입니다. 도가철학은 사물을 고정된 것으로 보지 않고 생성과 변화 속에서 파악하는데, 이러한 원리를 억지로 이름 붙여서 도라고 부르는 것입니다.

도는 최초로 서주(西周)의 금문(金文)에서 보입니다. 도의 처음의 뜻은 사람이 걸어가는 도로를 가리켰으나, 그 의미가 차츰 발전되어 춘추시기에 이르러서는 초보적인 철학 논리를 갖추게 되었습니다. 이것은 도자가 '도로'라는 구상 관념에서 '자연의 원리'라는 추상 관념으로 변화하기 시작했음을 의미합니다.

춘추시대 후기에 완성된 《좌전(左傳)》과 《국어(國語)》 가운데 기록된 도에는 인류 사회의 법칙이나 자연 만물의 운동법칙이라는 의미가 담기게 됩니다. 이것은 사회규율 또는 보편적인 자연규율을 의미하며, '인도(人道)'와 '천도(天道)'로써 개괄합니다. 인도와 천도의 관계문제는 선진시기 대부분의 사상가들이 특별히 중시한 문제인데, 《노자》 77장에는 노자가 천도와 인도를 어떻게 구분하는지가 아주 잘 나타나 있습니다.

"자연의 도는 남은 것을 덜어서 부족한 것을 채우는데, 인간의 도는 그렇지 않다. 부족한 데서 덜어내어 여유 있는 쪽을 봉양한다."

여기서는 도를 법칙으로 불러도 무방합니다. 따라서 자연의 도를 자연의 법칙이라고 보면 이해가 더 쉽습니다. 이 장에서 노자는 인간세상의 법칙을 가난한 백성이 지배 계층을 봉양하는 모순된 구조로 보고 자연의 법칙과 비교하고 있습니다.

《노자》에서 도는 시간상 하느님보다 먼저이고 천지보다도 먼저 존재하는데, 그래서 만물을 잉태하는 어머니에 비유합니다. 왜냐하면 도는 생명창조의 법칙이기 때문입니다. 따라서 천지자연은 도를 본받고 도는 스스로 그러함을 본받는다고 했습니다.

노자는 이와 같이 만물이 생성하는 원리인 도를 어머니가 자식을 낳는 것에 비유했으며 계곡에 비유하기도 했는데, 계곡은 여성성과 결부되어서 도의 또 다른 이미지가 되었습니다. 이밖에도 《노자》에서 도는 '무(無)', '일(一)', '대(大)', '현(玄)', '황홀(恍惚)'과 상통합니다.

《노자》의 상편이 도를 위주로 논했다면, 하편은 덕을 위주로 논합니다. 유가에서 덕은 윤리학의 범주에 속하는데, 《노자》에서 덕의 의미는 철학의 범주에 있습니다. 도가 우주만물의 생성과 변화의 원리라면, 덕은 개별적인 원리를 말합니다.

따라서 덕은 '개체의 특징' 또는 '개체다움'이라고 표현할 수 있습니다. 다음의 인용문에서 생명은 도에 의해 생성되고, 덕에 의해서 길러진다고 합니다. 왜냐하면 도의 원리가 현실의 생명체 가운데에 체현된 것이 덕이기 때문입니다.

"따라서 도는 낳고 덕은 기른다. 기르고, 양육하고, 안정시키고, 성숙하게 하고, 돌보고, 덮어 준다. 낳고도 가지려 하지 않고, 이루고도 자랑하지 않고, 기르고도 지배하려 하지 않는다. 이를 일러 그윽한 덕이라 한다."

또한, 이와 관련하여 《노자》 51장에는 다음과 같은 구절이 등장합니다.

"만물은 도를 높게 여기고 덕을 귀하게 여긴다."

여기서 덕이 귀한 이유는 도의 원리가 덕에 의해 구체화되기 때문입니다. 따라서 덕을 쌓는 과정은 자기가 지닌 특징을 잘 보존하면서 개성을 살리는 길이고, 자신의 생명을 아끼는 일이 됩니다.

화와 복이 서로 변한다

노자의 '화와 복이 서로 변한다'라는 주장은 대립하는 개념이나 상황이 상호 작용하면서 변화한다는 관점을 담고 있습니다. 이들은 모두 고정된 채로 있지 않고, 언제나 움직이면서 변화합니다.

"화여, 복이 기대여 있다. 복이여, 화가 엎드려 있다. 누가 그

끝을 알겠는가? 옳은 것은 없다. 옳음이 변하여 기이한 것이 되고, 선함이 변하여 요상한 것이 된다."

《노자》에서는 이와 같이 화복이 대립하면서도 동시에 서로에게 의지하며 존재한다고 말합니다. 화가 복이 되고 복이 화가 됩니다. 옳은 것도 기이한 것이 되고, 선함도 요상하게 변할 수 있습니다. 그렇게 되는 이유는 복 안에 이미 화의 요소가 잠복해 있으며, 겉으로 바르게 보이는 것 안에도 기이함이 잠재되어 있기 때문입니다. 즉, 세상에 고정된 것은 없으며, 이 세계는 대립물 간의 관계와 변화 속에서 존재하는 것입니다. 이 세상을 변증법적으로 보는 것입니다.

헤겔의 변증법 도식인 정·반·합의 과정은 '정(thesis)' 안에 내재된 모순으로 인해 '반(antithesis)'이 등장하고, 이를 극복한 마지막 단계인 '합(synthesis)'이 되면서 발전하는 과정입니다. 변증법적 세계관으로《노자》에서 자주 인용되는 구절은 42장의 '도에서 하나가 생기고, 하나에서 둘이 생기고, 둘에서 셋이 생기고, 셋에서 만물이 생긴다'라는 부분일 것입니다. 말하자면, '하나'와 이에 대립하는 '둘', 그리고 이것의 통일인 '셋'에서 만물이 생긴다고 말할 수 있습니다.

이처럼 노자는 만물의 생성과 변화의 원리인 도와 그 원리가 사물 각각에 실현되는 덕을 통해 세상을 파악했습니다. 그리고 유와 무라는 대립물이 서로 상생하며 만물이 변화하는 것을 세상의 원리로 보았습니다. 사물은 고정되어 있지 않고 늘 변한다고 보는 이러한 관점은 도가 사상의 가장 큰 특징 중의 하나입니다.

영원한 어둠은 없다

노자는 도를 통해 이 세계가 변화하는 원리를 설명했습니다. 그런데 도가에서 말하는 도와 유가에서 말하는 도는 그 의미가 다릅니다. 도가학파에서 말하는 도와 덕이 쉽게 이해되지 않는 이유는 우리가 그동안 도와 덕을 유가에서 말하는 사람의 도리와 인품으로만 이해해 왔기 때문입니다.

예를 들어, 여기에 나무 한 그루가 있습니다. 만물의 생성과 변화의 원리인 도는 이 나무에도 동일하게 작용합니다. 그리고 이 나무의 덕은 나무라는 하나의 개체에 작용하는 도를 의미합니다. 나무의 덕은 나무의 특징으로 드러나는데, 나무 잎사귀가 계절에 따라 피고 지는 현상도 바로 나무의 덕이 드러난 것입니다. 씨앗에서 시작한 나무는 묘목이 되고 고목으로 자라며 해마다 잎사귀가 교체됩니다. 그리고 언젠가 다시 흙으로 돌아갑니다.

이 과정에 도와 덕이 작용하는 것입니다. 봄이면 나뭇가지에 새순이 돋아나고, 가을이면 낙엽이 지는 생성과 소멸의 과정은 노자가 이야기한 '화와 복이 서로 변한다'라는 현상을 보여 줍니다. 이는 《열반경》에 나오는 '태어난 것은 반드시 죽음이 뒤따르게 된다'라는 진리를 보여 주는 것입니다. 이러한 원리는 사람들이 사는 사회에서도 그대로 적용이 됩니다.

《열반경》에서는 높은 지위에 있거나 많은 재산을 가진 사람도 언젠가 위태로워질 수 있고 가난해질 수 있다고 말합니다. 권력과 부는 영원하지 않다는 것입니다. 노자 역시 화와 복은 서로 변한다고 했습니다. 그래서 권력을 지녔을 때는 사회적인 약자를 향한 관심과 배려를 잃지 말아야 하고, 부유할 때는 가난한 이들의 고충을 헤아릴 수 있어야 합니다.

내가 가진 권력과 부로 인해 누군가가 소외되거나 해를 입지는 않는지 세심하게 살피고 도움이 필요한 이들을 도울 수 있어야 합니다. 현재의 입장이 언제든 바뀔 수 있다는 점을 잊지 말아야 합니다.

《열반경》에 나온 '빛은 반드시 어둠을 동반한다'라는 말은 낮과 밤이 교차하듯 밝음 뒤에 반드시 어두움이 찾아온다는 의미입니다. 그런데 이 말을 반대로 읽으면 '어둠은 반드시 빛을 동반한다'가 됩니다. 영원한 빛이 없는 것처럼 영원한 어둠도 없다는 뜻입니다.

인생에서 시련과 고난의 시기는 어둠에 비유할 수 있습니다. 이러한 어둠의 시기를 지나는 것은 몹시 힘들지만 그 속에서 자신의 한계를 극복하게 되면 한층 더 성장한 자신과 마주하게 됩니다. 지금 아주 힘든 시간을 보내고 있다면 곧 다가올 밝은 내일을 맞이하기 위해 좀 더 힘을 내보는 것은 어떨까요? 노자가 말한 대로 세상은 늘 변하고 있으니 영원한 어둠도 없을 테니까요.

불변의 지혜

고난 속에서도 희망을 잃지 않고
변화를 받아들이며 앞으로 나아가야 한다.

멀리 있는 명성보다
소중한 것이 있다

| 유약과 견강 |

"나에게 큰 환난이 있는 까닭은
나에게 몸이 있기 때문이다."

"吾所以有大患者, 爲吾有身."

《노자》 13장

드라마 〈미생〉의 주인공 장그래는 한때는 바둑 영재였으나, 이제는 종합상사의 영업3팀에 낙하산으로 입사한 계약직 신입사원으로 살아가는 인물입니다. 드라마에서는 장그래가 한국 기원 연구생 시절에 스승으로부터 들었던 다음의 말을 떠올리며 새벽운동을 하는 모습이 등장합니다.

"네가 이루고 싶은 게 있다면 체력을 먼저 길러라. 네가 종종 후반에 무너지는 이유, 데미지를 입은 후에 회복이 더딘 이유, 실수한 후 복구가 더딘 이유, 다 체력의 한계 때문이야. 체력이 약하면 빨리 편안함을 찾게 되고, 그러면 인내심이 떨어지고, 그리고 그 피로감을 견디지 못하면 승부 따위는 상관없는 지경에 이르지. 이기고 싶다면 네 고민을 충분히 견뎌줄 몸을 먼저 만들어. 정신력은 체력의 보호 없이는 구호밖에 안 돼."

일반적으로 바둑을 두뇌 싸움이라고 하는데, 장그래의 스승은 바둑을 잘 두고 싶다면 먼저 체력부터 키우라고 합니다. 이 충고가 틀리지 않았다는 통계 자료가 있습니다. 보건복지부에서 한국 학생 7만 5천 66명을 대상으로 실시한 건강행태조사를 보면, 일주일 동안 운동을 전혀 하지 않은 학생보다 두 번씩 꾸준히 운동해 온 학생들의 성적이 34퍼센트 더 높았고, 세 번 한 학생들은 46퍼센트 더 높게 나왔다고 합니다. 다시 말해, 공부와 바둑처럼 두뇌를 다루는 분야는 반드시 건강한 체력이 바탕이 되어야 한다는 뜻입니다.

노자는 개인의 생명을 무엇보다 소중히 여겼으며, 따라서 건강하게 살기 위한 여러 가지 방법을 제시했습니다. 이것을 노자의 '양생론'이라고 합니다. 노자에 따르면 내 몸이 가장 소중합니다.

심지어 자신의 몸을 소중히 다루지 않는 사람은 군주의 자격이 없다고 생각했습니다. 그리고 부드럽고 연약한 상태가 가장 생명력이 충만한 상태이고 단단하고 강한 것은 죽음의 무리라고 주장합니다.

멀리 있는 명성보다
가까이에 있는 내 몸이 더 소중하다

노자는 개인의 생명을 중시했는데, 이처럼 개인의 생명을 강조한 점은 당시 사회집단의 가치를 우선시했던 여타 제자백가와 구별되는 점입니다. 물론 노자에게도 집단을 중시하는 사고가 있습니다. 그렇지만 도가는 집단의 가치 때문에 개인의 생명이 위험에 처하는 것을 경계했습니다. 노자가 볼 때 나에게 몸이 있음은 모든 것의 전제가 되는데, 심지어 커다란 환란도 내 몸이 없다면 겪을 수 없다고 합니다.

> "나에게 큰 환난이 있는 까닭은 나에게 몸이 있기 때문이다.
> 나에게 몸이 없다면 나에게 어떤 환난이 있겠는가?"

이어서 노자는 통치자의 덕목을 제시하는데, 그것은 자신의 몸을 천하만큼이나 아끼는 덕목입니다.

"자신의 몸을 천하만큼이나 귀하게 여긴다면 천하를 줄 수 있고, 자신의 몸을 천하만큼이나 아낀다면 천하를 맡길 수 있을 것이다."

노자가 자신의 몸을 귀하게 여기고 아끼라 해서 자신의 안위만을 위하는 이기심을 말하고자 한 것은 아닙니다. 여기서 요지는 자신의 생명부터 시작해서 타인으로 대상을 확장시킬 수 있는가에 있습니다. 자신을 포함한 어떠한 생명이라도 소중하게 다룰 수 있는 사람만이 통치자가 될 수 있다고 본 것입니다.

심지어 노자는 전쟁에서의 승리조차도 좋게 여기지 않는 태도를 취합니다. 그러면서 "만일 전쟁을 아름답게 여긴다면 살인을 좋아하는 꼴이 된다. 살인을 좋아하고서야 천하에 뜻을 이룰 수 없을 것이다"라고 말합니다. 그러면서 전쟁을 치르고 나서는 "많은 사람을 죽였으니 비통한 마음으로 읍(공손히 인사)하고, 전쟁에서 이겼으면 상례를 갖추어서 마무리해야 한다"라고 주장했습니다. 이렇듯 노자는 전쟁에서 목숨을 잃게 된 병사들의 죽음을 추모할 것을 강조했는데, 이것은 도가가 사람의 생명을 얼마나 중시했는지를 알 수 있게 하는 대목입니다.

《노자》에는 '거피취차(去彼取此)', 즉 '저것을 버리고 이것을 취하라'라는 구절이 12장, 38장, 72장에서 세 번에 걸쳐 나옵니다. 또한, 44장에서는 명성과 자신의 몸 중에서 어느 것이 더 가까우며, 몸과 재화 중에 어느 것이 더 소중한지를 묻는데, 노자가 보기에 명예와 재물은 버려야할 '저것'이고, 자신의 몸은 취해야할 '이것'이 됩니다.

명예와 재물과 더불어 버려야 할 저것에는 유가가 제창한 인·의·예와 같은 덕목이 있습니다. 노자에 따르면 인·의·예는 도를 잃은 뒤에 나타나는 것들입니다. 또한, 도는 꾸며진 것이자 어리석음의 시작이기도 합니다. 그래서 노자는 예라는 것은 진실하고 신실한 마음이 얄팍해진 결과이며 혼란의 원인이라고 했습니다.

노자가 집단의 이념과 더불어 개인의 생명을 손상시키는 원인으로 비판한 것은 인간의 문명입니다. 다음의 '오색(五色)', '오음(五音)', '오미(五味)'는 인간의 문명을 상징합니다.

> "다섯 가지 색깔로 사람의 눈이 멀게 되고, 다섯 가지 소리로 사람의 귀가 먹게 되고, 다섯 가지 맛으로 사람의 입맛을 잃게 된다. 말을 달리는 사냥으로 사람의 마음이 광분하고, 얻기 어려운 재물로 사람의 행동이 어지럽혀진다."

문명은 인류에게 풍요와 성장을 가져왔습니다. 그런데 노자는 왜 눈이 멀고, 귀가 먹고, 맛을 잃게 된다고 했을까요? 그것은 감각적인 자극이야말로 인간으로 하여금 욕망에 사로잡히게 함으로써 자유가 아닌 속박을 준다고 본 것입니다. 그야말로 욕망으로 인해 인간의 존엄성이 파괴되는 위험에 내몰리게 되는 것이지요.

따라서 노자는 "성인은 배를 위할망정 눈을 위하지는 않는다"라고 했습니다. 배가 상징하는 것은 자연이고 눈이 상징하는 것은 인위와 문명인데, 노자는 저것인 인위와 문명을 버리고 이것인 자연성을 취하라고 말합니다.

이처럼 노자는 멀리 있는 명성과 재화보다 가까이에 있는 자신의 몸이 더욱 소중한 것이라고 역설했습니다.

살아 있을 때는 부드럽고 약하지만
죽으면 단단해진다

노자가 보기에 생명력이 가장 충만한 시기는 갓 태어났을 때인데, 초목도 갓 태어난 싹일 때 가장 부드럽고 사람도 신생아일 때 가장 연약하고 부드럽습니다. 따라서 "덕을 두텁게 함장하고 있는 사람은 갓난애에 비견된다"라고 했습니다. 이처럼 《노자》에서는 갓 태어난 생명체의 유연함이 생명력의 상징으로 간주되었습니다. 《노자》 76장에는 유약(柔弱)과 견강(堅强)을 대비해서 살아 있는 무리와 죽은 무리의 특징을 분석했는데, 이것은 노자가 발견한 생명의 원칙입니다.

"사람이 살아 있을 때는 부드럽고 약하지만 죽으면 단단하고 강해진다. 풀과 나무는 살아 있으면 부드럽고 연하지만 죽으면 말라 뻣뻣해진다. 그러므로 단단하고 강한 것은 죽음의 무리이고 부드럽고 약한 것은 삶의 무리이다."

여기서 노자는 단단하고 강한 것을 죽음의 무리로 규정합니다. 그와 반대로 부드럽고 약한 성질은 생명체가 생명력을 가장 많이 지니고 있는 상태인데, 그것을 갓난아기에 비유한 것입니다.

사람뿐 아니라 식물이나 여타 동물들도 갓 태어났을 때 생명력이 충만합니다. 태어난 모든 생명체는 언젠가는 죽을 것이고, 정도의 차이는 있으나 일정한 수명을 지니고 있습니다. 그렇다면 막 탄생한 생명체에게 주어진 기대수명이 가장 길 것입니다. 그리고 갓 태어난 생명체는 어린 아이처럼 부드럽고 연약한 특성을 지닙니다.

따라서 유약은 살아 있는 것의 상징입니다. 그래서 노자는 "약한 것이 강한 것을 이기고, 부드러운 것이 단단한 것을 이긴다"라고 한 것입니다. 하지만 생명의 상징인 유약은 죽음의 상징인 견강과 상생하면서 점차 상호 변화되어 갑니다. 그 과정은 이렇습니다. 부드럽고 연약한 아기가 성장하면서 성인기를 지나 단단하고 강해지고 점차 노년으로 향해 갑니다. 시간이 흐를수록 잠재되어 있던 죽음의 요소가 늘어나고, 생명력은 줄어들게 됩니다.

유연함은 생명이
충만한 상태

노자는 가까이에 있는 나의 몸이 멀리 있는 명예보다 소중하다고 했습니다. 그리고 생명력이 충만한 상태와 생명력이 점차 줄어가는 상태를 유약과 건강으로 구분지어서 설명했습니다. 노자의 유약과 건강을 오늘날에 적용한다면, 유연함과 경직됨이라고 볼 수 있습니다.

사람은 나이가 들어갈수록 사고가 경직되는 경향이 있습니다. 물론 몸도 뻣뻣해집니다. 몸이 뻣뻣해지는 것은 스트레칭과 운동으로 부드럽게 만들어야 하고, 사고의 경직을 막기 위해서는 의식적으로 노력을 기울여야 합니다. 현대사회는 변화가 빠릅니다. 만일 고정관념에 얽매인다면 사회에 적응하기가 어렵고 도태되기 십상입니다. 따라서 다양한 생각과 의견에 열린 마음으로 유연하게 대응해야 합니다.

유연함은 언제 나올까요? 그것은 대체로 마음이 경직되지 않을 때 나옵니다. 사람들은 익숙하지 않은 일을 하거나, 서툴 때, 실수하고 싶지 않거나, 실력보다 더 잘하고 싶을 때 긴장을 하게 되고 경직됩니다. 그러면 대체로 제 실력을 충분히 발휘하지 못하게 되거나 아는 것도 제대로 표현하지 못하게 됩니다.

그와 반대로 숙련된 사람이 늘 하던 익숙한 일을 할 때나, 결과에 연연하지 않을 때에 여유가 생기고 유연한 태도로 임하게 됩니다. 주변의 상황을 차분하게 돌아보는 여유도 유연한 태도이고, 조급하게 서두르지 않아서 실수를 예방할 수 있는 것도 유연한 태도입니다. 방법이 틀렸다고 판단되면 고치고 조정하는 것도 유연한 태도이고, 주변의 조언과 지적을 귀 기울이는 자세도 유연한 태도라고 할 수 있습니다.

급할수록 돌아가라는 말처럼 중요한 일일수록 심호흡을 하고, 주변의 피드백도 경청하면서 천천히 여유 있게 처리해야 합니다. 따라서 어떤 일이든 거기에 임하는 마음가짐과 행동에 여유를 갖고 유연하게 임할 필요가 있습니다.

불변의 지혜

경직된 사고와 태도를 풀고 여유와 유연함으로 세상을 받아들일 때
비로소 인생의 진정한 가능성이 열린다.

"태산을 넘는 자는 스스로를 낮춘다"

◈ ❦ ◈

| 섭생의 원칙 |

"그러므로 고귀함은 비천함을 뿌리로 하고
높음은 낮음을 기초로 한다."

"故貴以賤爲本, 高以下爲基."

《노자》 39장

다음은 이솝우화에 나오는 이야기입니다.

옛날에 한 농부의 집에 나귀와 수탉이 살고 있었습니다. 나귀와 수탉은 사이가 좋았지만, 나귀는 내심 자신이 더 몸집이 크고 힘도 세다고 생각하고 있었습니다. 그러던 어느 날 배고픈 사자가 농가까지 들어와서 나귀를 공격하기 시작했습니다. 나귀는 꼼짝없이 사자에게 물려갈 판이었습니다.

그때 수탉이 나귀를 구하기 위해 커다랗게 울어대기 시작했습니다. 사자는 수탉의 울음소리에 그만 겁을 집어먹고 도망을 쳤습니다. 그 소리를 듣고 사람들이 몰려오면 큰일이기 때문이었으니까요.

그러나 힘센 사자가 겨우 닭울음소리에 도망칠 리가 없다고 생각한 나귀는 사자가 자기 때문에 도망을 간 것이라고 믿었습니다. 기분이 우쭐해진 나귀는 도망치는 사자의 뒤를 열심히 따라갔습니다.

이렇게 한참 동안이나 달려가던 나귀와 사자는 마침내 수탉의 울음소리가 더 이상 들리지 않는 곳까지 이르렀습니다. 사자는 갑자기 나귀를 향해 몸을 돌렸습니다. 그리고 날카로운 이빨로 나귀를 물어뜯었습니다. 나귀는 죽어가면서 자신의 어리석음을 한탄했습니다.

이야기 속에서 나귀는 별로 강하지도 않으면서 자기 힘이 세다고 착각을 했습니다. 그래서 어리석게도 자기의 힘을 과시하려고 하다가 그만 사자의 밥이 되고 말았습니다. 만약에 나귀가 조금만 겸손했다면 어찌 되었을까요? 나귀를 구하기 위해 커다랗게 울어댄 수탉의 수고가 헛되지 않게 목숨을 구할 수 있었을 것입니다.

이 우화에 나오는 나귀처럼 자신의 능력을 과대평가하고 오만하게 굴면 낭패를 당하기 쉽습니다. 우리는 이 이야기를 통해서 겸손한 태도가 얼마나 중요한 지를 교훈으로 얻을 수 있습니다.

자신을 낮추라

노자가 제시한 장생의 원칙은 현재에도 여전히 깊이 음미할 만한 가치를 지닙니다. 《노자》에는 '양생(養生)'이라는 말이 직접적으로 언급되지는 않습니다. 그러나 50장에 '섭생(攝生)', 7장에 '장생(長生)', 44장에 '장구(長久)'라는 단어가 나옵니다. 이외에도 오래 산다는 의미를 지닌 '수(33장, 壽)', '장(7장, 54장, 59장, 長)', '구(7장, 16장, 33장, 久)' 등이 나옵니다. 섭생은 양생의 초기 관념으로 죽음의 영역에 들어서지 않는 것, 즉 위험 속에서 자신을 지키고 살아남는 것을 의미합니다. 자신을 낮추는 자세는 노자의 섭생을 위해 제시한 여러 원칙 가운데 하나입니다.

노자는 도의 모습을 물에 비유했는데, 《노자》 8장의 첫머리인 '상선약수(上善若水)'는 '가장 훌륭한 것은 물과 같다'라는 의미입니다. 이어서 노자는 "물은 만물을 이롭게만 한다. 다투지는 않고, 주로 사람들이 싫어하는 곳에 처한다. 그러므로 도에 가깝다"라며 물의 성질을 칭찬합니다.

노자에 따르면 물의 덕이 훌륭한 이유는 가장 낮은 곳으로 흐르기 때문인데, 강과 바다가 온갖 계곡물의 왕이 될 수 있는 까닭도 잘 낮추기 때문이라고 합니다. 노자는 낮은 곳으로 흐르는 물의 덕을 본받아서 사람들이 스스로 낮추는 겸허함을 지니는 것을 높은 미덕으로 여겼습니다.

'벼는 익을수록 고개를 숙인다'라는 속담이 있는데, 사람들은 아는 것이 적을수록 오히려 안다는 오만함에 빠지기 쉽습니다. 그런데 많이 알면 알수록 내가 모르는 부분이 많다는 것을 자각하게 되고, 아는 것이 별로 없다는 깨달음을 얻게 됩니다. 그래서 노자는 "아는 사람은 잘 모른다고 하는데, 이것이 최상의 덕이다. 잘 모르는 사람은 오히려 안다고 하는데, 이것은 병이다"라는 말과 함께 "아는 자는 말하지 않고, 말한 자는 알지 못한다"라고 했습니다.

노자는 전진만을 고집하는 무모한 용기에 대해서는 비판적인 태도를 취했습니다. "뒤로 물러서는 덕성을 버리고서 (앞에서) 이끌려고 하는 것은 바로 죽음의 길이 될 것"이며, "감행하는 용기가 있으면 죽고, 감행하는 용기가 없으면 산다"라고 했습니다.

또한, "멈출 때를 알아야 위태롭게 되지 않는다"라며 신중한 처세를 강조합니다. 심지어 전장에서 "과감한 일촌(一寸)의 전진보다는 일척(一尺)을 후퇴하라"라고 주장했습니다. 다시 말해, 과감하게 3센티미터 전진하기 보다는 30센티미터 후퇴하는 것이 더 낫다는 의미입니다.

위로 통치자의 정치부터 아래로 개인의 처세에 이르기까지 나아갈 때가 있으면 물러날 때가 있는 법입니다. 그중에서 노자는 특히 멈추어야 할 때와 물러나야 할 때에 주목했는데, 물러날 때를 잘 알아야 죽음의 길을 피할 수 있다고 본 것입니다.

> "장수가 호령하던 곳에는 가시덤불이 자라나고, 대군이 지나간 후에는 반드시 흉년이 든다. 잘하여 성과를 내었으면 이내 멈추고, 감히 강한 태도를 취하지 않는다."

여기에서 엿볼 수 있는 것은 노자가 소수 지도자의 안위가 아닌 다수의 장병들이나 백성들의 안전과 편안함을 더 고려했다는 사실입니다.

노자는 죽을 수 있다는 것을 알면서도 적진을 향하는 어리석은 용맹함을 반대했는데, 그 이유는 전쟁의 승리와 장수의 명예보다 다수의 병사들의 생명이 더 소중하다고 여겼기 때문입니다. 다시 말해, 군주와 장수의 명예와 명분보다 무고한 병사들의 생명이 훨씬 소중하기 때문에 감히 강한 태도를 취하지 말라고 권고하는 것입니다.

노자는 자신을 낮추고, 뒤로 물러나 있으라고 하면서 이와 함께 반드시 하겠다는 자세를 경계하라고 했습니다. 《노자》 64장에서 '의도를 가지고 인위적으로 무슨 일을 하는 자는 결국 그것을 망치게 되고, 꽉 잡고 집착하는 자는 결국 그것을 잃게 된다'라고 말합니다. 이어서 '성인은 무위를 행하기 때문에 망치지 않고 집착하지 않기 때문에 잃지 않는다'라고 했습니다.

겸손해야
살아남는다

우리가 무엇을 꼭 이루어야겠다고 생각하면 집착하기가 쉽습니다. 집착이 생기면 불필요한 에너지가 들어가고 거기에서 부작용이 따르게 되는데, 그것이 일을 망치게 합니다.

사람과의 관계에서도 집착은 거부감을 불러 일으켜서 결국 의도치 않게 더 멀어지게 만들기도 하지요. 세상의 일이란 강렬한 열망이 있다고 해서 원하는 대로 일이 진행되지는 않는데, 노자도 이를 지적한 것입니다.

> "발꿈치를 들고 서 있는 사람은 오래 서 있지 못하고, 큰 걸음으로 걷는 사람은 오래 걷지 못한다."

이처럼 간절한 욕망과 집착은 자연스럽지 못한 무리한 행동을 도출합니다. 예를 들면 발꿈치를 들고 서 있거나, 큰 걸음을 걷는 행위를 말하는데, 그러한 무리하고 부자연스러운 행동은 결코 오래 갈 수 없습니다.

노자에 따르면 이솝우화에 나오는 당나귀처럼 겸손할 줄 모르고 우쭐대면서, 자신의 힘을 과시하려는 태도는 몹시 위험한 행동입니다. 당나귀가 사자의 밥이 된 것은 노자가 제시한 방법을 꼭 반대로 했기 때문입니다.

첫째, 노자는 스스로를 낮추라고 했는데, 당나귀는 스스로를 치켜세웠습니다. 둘째, 노자는 나서지 말고, 뒤로 물러서 있으라고 했는데, 당나귀는 우쭐대면서 앞에 나섰습니다. 셋째, 노자는 꽉 잡고 집착하지 말라고 했는데, 당나귀는 달아나는 사자를 굳이 쫓아갔습니다. 넷째, 노자는 잘 모르는 사람은 오히려 안다고 생각하는데, 이것이 병이라고 했습니다.

그런데 당나귀는 자신의 힘을 잘 모르면서 잘 안다고 생각했습니다. 한마디로 스스로를 과대평가했습니다. 이렇게 우화 속의 당나귀의 잘못과 노자의 충고가 절묘하게 일치하고 있습니다.

일상에서 겸손한 태도는 위험 속에서 자신을 지킬 뿐만 아니라 개인의 삶에 긍정적인 영향을 미칩니다. 겸손한 사람은 자신의 한계를 인식하고 늘 배우려는 자세를 지니기 때문에 성장과 발전의 가능성이 더 큽니다.

또한, 겸손한 태도는 사회생활에서도 긍정적인 작용을 합니다. 사람들은 겸손한 사람에게서 자신이 존중받는다고 느끼고, 신뢰를 하게 됩니다. 일단 신뢰가 형성된 관계에서는 의사소통이 원활해지게 되고 그에 따라 작업의 능률도 오르게 됩니다. 이렇게 되면 어떤 문제가 발생했을 때 더욱 수월하게 해결책을 찾을 수 있게 됩니다.

노자가 말한 자신을 낮추는 처세는 겸손함의 미덕을 넘어서 오늘날 현대인에게 반드시 필요한 덕목임에 틀림이 없습니다. 지금 어려운 시기를 보내고 있다면 오만하고 경솔한 당나귀의 어리석음을 거울삼아 보다 지혜롭게 위기를 헤쳐 나가야 할 것입니다.

불변의 지혜

겸손은
자신을 보호하는 가장 강력한 방패이다.

적을수록 이득이고
많을수록 손해 보는 것

| 양생법 |

"지나친 욕심이
죄 가운데 가장 큰 죄이다."

"罪莫厚於甚欲."

《노자》 46장

《나는 단순하게 살기로 했다》의 저자 사사키 후미오는 미니멀리스트입니다. 그는 물건을 최소한으로 줄이면 물건에 빼앗기던 시간을 되찾을 수 있게 되는데, 그렇게 해서 생긴 시간의 여유가 자신의 삶을 더욱 충만하게 만든다고 합니다.

사사키는 물건을 최소화하고 난 뒤에 이사가 쉬워졌다고 합니다. 그는 이삿짐을 싸는 데 30분밖에 걸리지 않아서 그냥 외출하는 가벼운 마음으로 이사를 갈 수 있게 되었습니다. 그리고 짐이 적어지니 언제라도 이사를 쉽게 갈 수 있다는 생각에 자유와 해방감을 느끼게 되었답니다. 어쩌면 나의 삶을 편리하고, 풍요롭게 만들기 위해 마련한 물건들이 언제부터인가 나의 주인이 되어서 나를 구속해 왔는지도 모릅니다.

무엇보다 사사키는 물건을 비우고 나서 자신의 내면을 들여다볼 여유를 얻었습니다. 그는 독자들에게 누구에게나 평등하게 주어지는 소중한 시간을 물건 때문에 낭비하지 말라고 당부합니다. 그리고 진짜 소중한 것에 집중하기 위해서 주변을 비워 보라고 권합니다.

욕심을 줄이고
비우라

노자는 46장에서 '지나친 욕심이 죄 가운데 가장 큰 죄이다'라고 말합니다. 욕심을 줄이라는 권고는 공자도 마찬가지입니다. 지나친 욕심의 폐해는 누구에게나 해당되지만, 공자는 유독 노년이라는 특정 시기를 언급하면서 얻음을 경계하라고 했습니다.

노자는 또 44장에서 오래 보존하는 방법으로써 다음과 같이 욕심의 절제를 강조합니다.

"만족을 알면 욕을 당하지 않고, 멈출 곳을 알면 위태롭지 않으니, 그러면 길이 자신을 보존할 수 있네."

여기에서 '만족할 줄 알고, 멈출 곳을 아는 것'은 바로 욕심을 절제할 때 가능한 일입니다. 이것과 뜻이 통하는 말로써 《노자》33장에는 '자신이 자리할 곳을 잃지 않는 자가 오래 간다'라는 구절이 있는데, 이는 자신을 잘 안다는 것과 통합니다.

욕망에 대한 절제력을 잃거나, 또는 어떤 명분이나 가치에 경도되면 사람들은 자신의 위치를 넘어서는 언행을 하게 됩니다. 그렇게 자신의 자리를 잃고 지나치게 된다면 결국은 오래 가지 못하게 될 것입니다. 《노자》의 이 대목은 욕망으로 인해 자신이 있어야 할 위치를 벗어나게 되면 발생할 수 있는 위태로움을 경계하라는 말입니다.

이처럼 노자는 욕망이 사람에게 행복이 아닌 손해를 가져다 준다고 여겼습니다. 그리고 물질을 향한 욕망은 사람으로 하여금 악행을 낳게 하고, 감각기관을 지나치게 향유하면 건강에 악영향을 끼칩니다. 따라서 19장에서는 소박함을 견지하고 사욕을 줄이라고 합니다.

한자 '욕' 자에는 '바라다', '하고자 하다'라는 의미의 '욕(欲)'과 욕심을 뜻하는 '욕(慾)'이 있습니다. '하고자 할 욕'에 '마음 심'이 결합해 욕심을 뜻하는 욕 자가 만들어진 것입니다. 그러나 고전에서는 두 단어를 잘 구분해서 쓰진 않습니다. 따라서《노자》의 욕(欲)은 욕구가 아닌 욕심을 의미합니다.

사람에게 하고자 하는 욕구는 본능이고 필요한 것입니다. 욕구가 있어야 일이 이루어지고 발전합니다. 그런데 욕구에 불필요한 마음이 덧붙는다면 그것은 나를 해치는 욕심이 될 것입니다.

노자는 욕망하지 않고 고요하게 있으면 이 세상은 저절로 안정될 것이라고 이야기합니다. 그는 절제가 없는 욕망은 위기와 치욕을 부르지만, 욕심을 줄이면 안정되고 오래 갈 수 있다고 여겼습니다. 욕심을 줄이라고 하면서 노자가 강조한 것은 바로 비워내는 일입니다.《노자》11장에는 다음과 같은 말이 나옵니다.

> "수레의 바퀴가 제 기능을 할 수 있는 것은 빈 공간 때문이고, 그릇은 비어 있기 때문에 음식을 담는 제 기능을 할 수 있고, 방에는 텅 빈 공간이 있어야 사람이 거처하는 방이 될 수 있다."

다시 말해, 그릇이라는 '유'가 쓸모가 있으려면, 빈 공간인 '무'가 존재해야 하는 이치입니다. 그야말로 유와 무의 상생인데, 이는 사람에게도 마찬가지로 적용됩니다. 마음속, 또는 머릿속에 너무 많은 것을 채우고 산다면 어떤 행동도 선뜻 하기가 어렵게 됩니다. 그래서 노자는 "도를 행하면 날마다 덜어진다. 덜고 또 덜어

내면 무위의 지경에 이르는구나"라고 한 것입니다.

날마다 덜어내고 또 덜어내는 과정이 비우는 길입니다. 욕심을 덜어내고, 아집을 덜어내고, 편견을 덜어내고, 물건을 덜어내고, 고정된 가치와 이념을 덜어내는 길이 도와 합일되는 길입니다.

노자는 "만물은 무성하지만 제각각 자신의 근원으로 돌아가는데, 근원으로 돌아가는 것을 고요함이라 하고, 이를 일러 명을 회복한다고 말한다"라고 했습니다. 또한 "고요함을 좋아하면 백성들이 저절로 바르게 되고", "텅 빈 상태를 유지해야 오래 간다"라고 했습니다. 따라서 고요함은 열기를 이기고 맑고 고요한 것은 천하의 올바름이 되는 것입니다. 이같이 텅 비고 맑고 고요한 상태를 '허정(虛靜)' 또는 '청정'이라고 부릅니다.

《노자》 80장에는 '옆 나라끼리 서로 바라다 보이고, 개 짖는 소리나 닭 우는 소리가 서로 들려도, 백성들은 늙어 죽을 때까지 서로 왕래하지 않는다'라는 구절이 있습니다. 보통 눈으로 보고 왕래하고 접촉하다 보면 탐욕이 생기게 되는데, 그러면 '견물생심(見物生心)'이 일어나서 허정과 청정을 잃기 쉽다는 말입니다. 따라서 이 구절은 노자가 폐쇄된 세상을 이상향으로 꿈꾸었다기보다 접촉으로 인해 발생하는 탐욕을 경계했다고 보는 것이 더 타당합니다.

비록 나라가 작을지언정 전쟁이나 수탈이 없는 세상, 백성의 평화가 보장되는 세상이 소국과민, 즉 작은 나라 적은 백성의 취지입니다. 노자가 이상적으로 꿈꾼 삶은 자신에게 가득 찬 욕심과 고정된 편견을 덜어내고 비워내어 맑고 고요한 상태를 유지하며, 타인과 잦은 왕래도 하지 않은 채 조용하고 평화롭게 사는 삶입니다.

비우고 나면
찾아오는 자유

노자는 욕심을 버리고 텅 비워서 고요함을 유지하라고 했습니다. 그리고 고요함에 방해가 되는 불필요한 잦은 왕래를 조심하라고 주장했습니다. 이러한 허정하고 청정한 삶은 이후 선비들의 이상적인 삶의 태도 가운데 하나가 되었습니다. 그런데 노자가 제안한 허정한 삶의 모습은 현대사회의 미니멀리스트가 추구하는 삶의 모습과 닮아 있습니다.

미니멀리스트 사사키 후미오는 물건을 비우고 나서 나를 들여다보게 되었다고 합니다. 이는 물건의 구속에서 벗어나서 나 자신에게 더욱 집중하게 되었기 때문입니다. 그러면서 그는 내 삶에서 소중한 것은 물건이 아니라 지금 내 앞에 있는 사람들이라는 것을 깨달았다고 합니다.

이렇게 삶에서 불필요한 요소를 버리고 비우면 정말 소중하고 필요한 요소가 무엇인지 더 잘 보이게 됩니다. 우리 곁에 늘 있었는데 미처 알아채지 못했던 소중한 존재가 눈에 들어오기 시작하는 것이지요.

19세기 독일 출신의 철학자 프리드리히 니체는 "알맞은 정도라면 소유는 인간을 자유롭게 한다. 도를 넘어서면 소유가 주인이 되고, 소유하는 자가 노예가 된다"라고 말했습니다. 여기서 소유는 물건에만 국한된 것이 아닙니다. 재산이나 지위, 인맥, 명예, 유명세, 연구업적, 예술작품, 정보 등 사람이 소유하는 모든 것이 이에 해당합니다. 니체는 소유하는 것이 도를 넘으면 소유자가 노예로 바뀐다고 통찰했습니다. 결국 삶의 주인 자리를 자신이 소유한 것에 빼앗기고 종속되게 된다고 말한 것입니다.

내 삶의 주인은 나 자신입니다. 이것을 모르는 사람은 아마 없을 테지만, 나도 모르는 사이에 다른 것들이 내 삶의 주인 행세를 하고 있을지도 모릅니다. 만약 소유하고 있는 어떤 것이 나의 자유를 억압한다고 느껴진다면 어쩌면 주인이 바뀐 것이 아닐지 의심해 볼 필요가 있습니다. 소유는 나를 자유롭게 할 만큼만 알맞은 선을 지키며 하는 것이 좋습니다. '알맞다'나 '적당하다'라는 표현이 모호하긴 하지만, 니체의 말을 빌리자면 그 의미는 도를 넘지 않는 선을 가리키는 것이겠지요.

우리는 많으면 많을수록 좋다는 다다익선의 함정에 빠져 자신의 삶을 노예의 삶으로 만들지 않도록 조심해야 합니다. 따라서 욕심을 줄이고 비우라고 한 노자의 지혜는 오늘날에도 여전히 큰 울림을 주고 있습니다.

그렇다면 지금 우리가 비워내야 하는 것은 무엇인지 스스로에게 물어볼 때입니다.

불변의 지혜

비워내는 용기는
진정한 자유를 선물한다.

6장

"나를 잃으면 비로소 내가 보인다"

장자의 자유

"가장 비천한 곳에 가장 높은 것이 있다"

❖ ⛩ ❖

| 가치판단 |

"참으로 훌륭하도다!
나는 포정의 말을 듣고 양생의 법을 깨달았노라!"

"善哉!
吾聞庖丁之言, 得養生焉."

《장자》, 〈양생주(養生主)〉 편

《장자》의 〈지북유(知北遊)〉 편을 보면 동곽자가 장자에게 도가 어디에 있는지를 묻는 일화가 등장합니다.

"도라는 것이 어디에 있습니까?"

장자가 대답했다.

"없는 데가 없습니다."

"구체적인 예를 들어 말씀해 주십시오."

"땅강아지나 개미에게 있습니다."

"어떻게 그렇게 하찮은 것을 예로 드십니까?"

"기장이나 피에도 있습니다."

"어떻게 그렇게 더 하찮은 것을 예로 드십니까?"

"기와나 벽돌에도 있습니다."

"어떻게 갈수록 더 심한 것을 예로 드십니까?"

"똥이나 오줌에도 있습니다."

동곽자가 대꾸를 하지 않았다.

"당신의 질문은 사실 본질에서 먼 것입니다. 장터 관리인이 장터 감독인에게 돼지를 밟게 하여 (살찐 모양을) 물었을 때 발이 점점 더 깊이 내려갈수록 더 잘 알 수 있게 된다고 하였습니다. 당신은 도가 어디에 한정된 것이라 생각지 마십시오. 도와 동떨어져 있는 것은 없습니다. 지극한 도는 이와 같습니다. 위대한 말씀도 이와 같습니다. 두루 있음, 퍼져 있음, 골고루 있음, 이 셋은 이름은 다르지만 실제로는 같은 것, 모두 하나입니다."

도가 어디에 있냐고 묻는 동곽자에게 장자는 한마디로 없는 데가 없다고 대답했습니다. 그런데 동곽자는 구체적으로 알려 달라고 합니다. 그래서 땅강아지나 개미나 기장이나 기와나 벽돌에도 있다고 합니다. 동곽자가 어째서 갈수록 하찮은 것을 예로 드시냐고 하니 장자는 똥이나 오줌에도 있다고 말합니다. 그 소리를 들은 동곽자는 그만 말문이 막히고 말았습니다.

장자는 장터 감독인이 발로 밟는 부위가 점점 아래로 내려갈수록 살찐 전체의 모습을 제대로 알게 되는 이치를 먼저 말해 줍니다. 그리고 이와 마찬가지로 도가 어디에 있는지 알려면 도가 낮고 천한 곳에도 있다는 것을 알아야 제대로 파악할 수 있다고 설명하고 있습니다. 여기서 도는 변화 그 자체이기에 어디에나 있는 것입니다.

천하의
이야기꾼

장자는 노자와 함께 도가의 대표적인 사상가입니다. 학자들은 그의 생존 시기를 대략 기원전 369년에서 기원전 286년으로 추정하며, 공자보다 약 150년 후에, 맹자와는 거의 같은 시기에 활동했습니다.

장자의 사상을 담은 책《장자》는 총 33편이며, 내·외·잡편으로 구분되어 있습니다. 그중 내편이 전국시대 중기의 장자 자신의 저작이며, 외편과 잡편은 그 이후의 장자 후학의 저술이라고 보고 있습니다. 《사기》에는 장자와 후학들의 저술한 내용이 총 10만여 자에 달한다고 기록되어 있으나, 현재 통용되는 《장자》는 진대(晉代)의 사상가 곽상이 편집한 개정판으로 6만 5천여 자로 구성되어 있습니다.

참고로 《논어》는 1만 5천여 자, 《맹자》는 3만 5천여 자, 《노자》는 5천여 자로 이루어져 있습니다. 이로 미루어 볼 때 《장자》는 상당히 방대한 책임을 알 수 있습니다.

사마천의 《사기》에 따르면 장자의 이름은 주(周)로, 몽(현재의 안휘성 몽성 또는 하남성 상구 추정, 蒙) 지방 사람이었습니다. 매우 박학하여 통달하지 않은 것이 없었고 문장력이 뛰어났으며, 그의 언사는 거센 물결과 같이 자유분방하였다고 합니다. 그리고 10만여 자나 되는 장자의 저서는 대체로 우언(寓言)으로 되어 있다고 기록되어 있습니다.

우언이란 우화나 이야기를 의미하며, 이러한 우언은 주로 풍자적이거나 교훈적인 의미를 담고 있습니다. 천하의 문장으로 불리던 장자는 왜 우화를 즐겨 썼을까요?

장자가 살던 송나라는 상나라(은나라)가 멸망한 뒤 그 유민들이 세운 나라였습니다. 고전에서 송나라 사람은 어리석은 사람의 대명사로, 하나라 유민들이 세운 나라인 기나라 사람들과 함께 자주 등장합니다. 송나라는 약소국이었습니다. 얼마나 약소국이었냐 하면 하루에도 세 번 왕이 바뀌는 곳이었다고 합니다.

장자가 우화를 즐겨 사용한 이유에 대해 어떤 학자들은 그가 온갖 정치적 박해로부터 자신을 보호하기 위해 다양한 해석이 가능한 글을 썼다고 주장합니다. 이는 장자가 일종의 안전장치를 마련한 것으로 보는 견해입니다.

하찮은 이들이
도통한 이들이 되다

장자는 그의 저서에서 가난하거나 육체의 장애가 있는 민중을 더 이상 위정자로부터 다스려지는 하나의 대상이 아니라 구체적으로 도를 드러내는 우화의 주인공으로 등장시키고 있습니다. 다음에 나오는 이야기는 장자 본인의 저술로 알려진 내편에 등장하는 우화입니다.

먼저 〈덕충부(德充符)〉 편에는 애태타라는 이름을 가진 위나라의 못생긴 남자가 등장합니다. 사람들이 그를 무척 좋아해서 그와 함께 지낸 사내들은 그를 따르면서 그의 곁을 떠나지 못하고, 그를 본 여자들은 "다른 이의 아내가 되느니 차라리 그분의 첩이 되겠다"라고 부모에게 간청한다고 합니다. 그런 애태타의 사람 됨됨이를 보자면 언제나 자기 의견을 주장하지 않고, 늘 남에게 동조를 잘한다고 합니다.

노나라 애공은 그와 함께 있은 지 한 달도 채 안 되어 그의 사람

됨에 이끌리고, 1년도 안되어서 그를 믿게 되었고, 나라까지 맡기게 되었습니다. 그런데 얼마 안 있어 애태타가 떠났는데, 애공은 무언가 잃어버린 듯 마음이 언짢고 즐거움을 함께 누릴 사람이 없어진 듯했습니다. 여기서 장자는 용모가 매우 추악한데도 사람들이 애태타를 좋아하는 이유는 재능을 완벽하게 갖추고도, 그 덕을 감춘 채 밖으로 드러내지 않는 인물이기 때문이라고 말합니다.

〈덕충부〉 편에 등장하는 또 다른 우화의 주인공은 왕태와 신도가, 그리고 숙산무지인데, 이들은 모두 형벌로 발 하나가 잘린 사람들입니다. 이 가운데 왕태는 덕이 높은 스승으로서 따르는 제자들이 많은 인물로 묘사되고 있습니다. 그리고 절름발이 신도가는 정나라의 명재상인 자산과 함께 백혼무인이라는 한 스승 밑에서 동문수학하는 사이인데, 자산이 신도가를 업신여기자 그것에 대해 따끔하게 충고를 하는 장면으로 등장합니다. 여기서 신도가의 충고를 들은 자산은 육체의 불구와 신분의 차이를 가지고 상대를 무시한 자신을 부끄럽게 여기게 됩니다.

〈인간세(人間世)〉 편에는 지리소라는 이름의 사내가 주인공으로 등장하는데, 그는 턱이 배꼽에 가려지고, 어깨가 정수리보다 높으며, 상투는 하늘을 가리키고, 내장이 위로 올라갔으며, 두 넓적다리가 옆구리에 닿아 있는 외모를 지녔다고 합니다. 지리소가 비록 이처럼 심한 꼽추지만, 옷을 깁거나 빨래를 하며 충분히 먹고 살아갈 수 있었고 키질을 해서 쌀을 고르면 열 식구는 먹여 살리기에 충분했다고 합니다.

〈덕충부〉편과 〈인간세〉편에서 장자는 추남과 불구자를 등장 시켜서, 도를 통한 사람에게 신체의 아름다움이나 추함은 아무 문제가 되지 않는다고 말하고 있습니다. 비록 형벌로 불구의 몸 이 되었지만 한 나라의 재상을 꾸짖기도 하고, 훌륭한 인품으로 많은 제자를 거느리기도 합니다. 또 추남이어도 사람들의 사랑과 존경을 받고, 나라까지 맡을 수 있으며, 이상한 외모를 지녔어도 열 식구를 먹여 살릴 수 있습니다. 장자가 보기에 이들은 모두 도 가 통해서 덕이 높은 사람들입니다.

〈양생주〉편에는 포정이 문혜군을 위하여 소를 잡는 장면이 묘 사되는데, 이 문장은 손꼽히는 명문 중의 하나라고 합니다. 문혜 군은 포정이 소를 해체하는 모습을 보고 "아! 훌륭하구나. 기술이 어찌 이런 경지에 이를 수 있는가!" 하고 감탄을 합니다. 그러자 포정은 칼을 내려놓고 다음과 같이 말합니다.

> "제가 좋아하는 것은 도(道)입니다. 도는 손끝의 기술에서 더 나아간 것입니다. (중략) 솜씨 좋은 백정은 일 년에 한 번 칼 을 바꾸는데 살코기를 베기 때문이고, 보통의 백정은 한 달 에 한 번씩 칼을 바꾸는데 뼈를 치기 때문입니다. 지금 제가 쓰는 칼은 19년이 되었고, 그동안 잡은 소가 수천 마리인데 도 칼날이 마치 숫돌에서 막 새로 갈아낸 듯합니다. (중략)

이 때문에 19년이 되었는데도 칼날이 마치 숫돌에서 막 새로 갈아낸 듯합니다."

문혜군은 훌륭하다고 감탄을 하면서, 포정의 말을 듣고 자신이 양생의 도를 터득했다고 합니다.

여기서 포정은 소를 해체하는 과정을 통해 신기(神技)에 가까운 기술의 완성을 보여 주고 있는데, 이는 사물의 이치를 정확히 파악하면 그것을 자유자재로 다룰 수 있게 된다는 것을 말해주고 있습니다. 포정의 칼날이 19년이 지나도 날카로운 이유는 이렇게 대상에 대한 완전한 이해와 함께 숙련된 기술 또한 도의 경지에 이르렀기 때문입니다.

환공을 가르치는 노인

제나라 환공이 책을 읽고 있었는데, 수레바퀴를 깎던 윤편이 환공에게 물었습니다.

"전하께서 읽으시는 것은 무슨 책입니까?"
"성인의 말씀이다."
"성인이 지금 살아 계십니까?"

"벌써 돌아가셨네."

"그럼 전하께서 읽고 계신 것은 옛사람의 찌꺼기군요."

"내가 책을 읽고 있는데 바퀴 만드는 목수 따위가 어찌 시비를 건단 말이냐. 이치에 맞는 설명을 하면 괜찮지만 그렇지 못하면 죽이겠다."

"제가 수레를 만들 때 너무 깎으면 헐거워서 튼튼하지 못하고, 덜 깎으면 빡빡하여 들어가지 않습니다. 더 깎지도 덜 깎지도 않는다는 것은 손짐작으로 터득하여 마음으로 수긍할 뿐이지 입으로 말할 수가 없습니다. 그래서 일흔인 이 나이에도 늘그막까지 수레바퀴를 깎고 있는 것입니다. 옛사람도 그 전해 줄 수 없는 것과 함께 죽어 버렸습니다. 그러니 전하께서 읽고 계신 것은 옛사람들의 찌꺼기일 뿐입니다."

여기서 윤편은 수레바퀴를 만드는 기술의 핵심은 개인이 몸으로 체득하는 것이지 말이나 문자로 나타내거나 전달할 수 없는 것이라고 합니다. 성인이 남긴 책도 이와 마찬가지여서 그 정수가 빠져 있는 찌꺼기에 불과하다고 지적하는 것입니다.

나이가 일흔이 되도록 수레바퀴를 만들었다면 윤편은 그 기술의 고수라고 할 만한 사람입니다. 하나의 기술이 최고의 경지까지 숙련이 되면 다른 사물의 이치까지도 꿰뚫어 보는 지혜가 생깁니다. 이 우화는 수레바퀴를 만드는 기술로 도가 통한 늙은 목수가 당대에 권력의 정점에 있던 제후에게 세상의 지혜를 한 수 가르치는 내용으로 이루어져 있습니다.

장자가 활동한 시기의 많은 사상가들은 당시 사회의 혼란을 해결할 방안을 가지고 제후들을 찾아가서 유세했습니다. 그런데 장자는 유독 신분이 낮고 형벌을 받아서 불구가 된 사람들을 우화의 주인공으로 내세워서 자신의 생각을 드러내고 있습니다. 장자는 왜 이렇게 소외된 계층을 이야기의 주인공으로 설정했을까요?

먼저 도가에서 생각하는 도는 만물의 생성과 변화의 원리로써 그 원리가 적용되지 않는 곳이 없다는 것을 신분이 낮은 사람을 등장시켜서 설명한 것입니다. 장자는 동곽자와의 대화에서 도가 어디에 있는지 알려면 도가 낮고 천한 곳에도 있다는 것을 알아야 제대로 파악할 수 있다고 했습니다.

장자에 따르면 지극한 도나 위대한 말씀은 이와 같이 어디에나 골고루 퍼져 있습니다. 따라서 도를 체득하는 것은 신분이나 외모를 가리지 않는 일입니다. 이렇게 장자는 보통 사람들을 이야기의 주인공으로 내세워서 누구라도 진리를 깨칠 수 있으며, 도통한 경지에 이를 수 있음을 주장하고 있습니다.

장자가 소외계층을 주인공으로 설정한 또 다른 이유는 인간자체의 가치를 드러내기 위해서입니다. 사람은 사회적인 신분이나 외적인 조건에 의하여 평가를 받습니다. 그러나 사람은 신분이 낮거나 외모가 불완전해도 사람 고유의 가치와 지혜를 지닌 존엄한 존재입니다. 장자는 백정이나 기술자가 각고의 노력으로 터득한 삶의 지혜를 지위가 높은 권력자에게 가르치는 과정을 보여줌으로써 사회적인 지위가 그 사람의 가치를 판단하는 기준이 되어서는 안 된다고 말하고 있습니다.

소외된 계층을 통해서 사회의 불평등과 모순을 드러내고자 한 측면도 있습니다. 전쟁이 끊이지 않는 혼란기에 낮은 신분으로 살아간다는 것은 아주 힘들고 고통스러웠을 것입니다. 그런데도 불구하고 자신의 분야에서 최고의 경지에 오른 백정이나 목수 같은 이들은 장자가 보기에 권력을 지닌 군주들보다 훨씬 높은 경지에 오른 인물인 것입니다. 장자 자신도 가난하고 낮은 신분이었기에 이들의 우화는 어쩌면 장자 자신의 모습을 투영하고 있는지도 모릅니다.

불변의 지혜

어디에나 스며들어 있는 도를 깨닫기 위해서는
모든 것을 평등하게 바라보는 눈이 필요하다.

왜 함부로
판단하는가

◈ 🪭 ◈

| 무용지용 |

"쓸모없는 것이 쓸모가 있다는 것 또한
분명한 사실이지 않은가."

"無用之爲用也, 亦明矣."

《장자》, 〈외물(外物)〉 편

장자는 명가 사상가이자 정치가이며 자신의 말벗이기도 한 혜
시와 이런 대화를 나눈 적이 있습니다.

혜시가 장자에게 말했다.

"자네 말은 쓸모가 없네."

"쓸모없는 게 뭔지 알아야 비로소 쓸모 있음에 대해 더불어

말할 수가 있지. 무릇 천지는 넓고 또 크지만 실제로 사람이 필요로 하는 것은 발로 밟는 크기만큼이면 족하지. 그렇다고 발로 밟고 있는 넓이만 남겨 놓고 그 나머지를 파내어 깊이 황천에까지 이르게 한다면, 그러고서도 사람들은 아직도 그 발밑의 땅만 유용하다고 하겠는가?"

"쓸모가 없겠지."

"그렇다면 쓸모없는 것이 쓸모가 있다는 것 또한 분명한 사실이지 않은가."

이 대화에서 장자가 전하고 싶은 내용은 쓸모 있는 것도 쓸모없는 것의 도움을 받아서만 비로소 쓸모가 생긴다는 사실입니다. 혜시는 《장자》에서 장자의 말벗으로 자주 등장합니다. 혜시는 매우 박학해서 저서가 다섯 수레나 되었다고 하지만, 현재 남아서 전해지는 것은 없습니다. 다만 그의 주장의 일부는 《장자》에서 볼 수 있는데, 이렇게 혜시와 장자의 논쟁을 통해 약간이나마 만나 볼 수 있습니다.

장자와 혜시의 우정은 혜시가 죽은 후에 장자가 그의 무덤을 지나면서 "이제 대화를 나눌 사람이 없다"라며 한탄했다는 일화에서 엿볼 수 있습니다. 그 당시에 장자는 혜시를 비롯한 세상 사람들로부터 그의 주장이 쓸모없다는 지적을 많이 받았던 것으로 보입니다. 그러한 비판에 대해서 장자는 '도대체 그 쓸모라는 것은 어떤 쓸모를 말하는 것인가? 그렇다면 흔히 쓸모없다는 것은 과연 정말 쓸모가 없는 것일까?' 하며 되묻고 있습니다.

무용지용,
쓸모없음의 쓰임

다음에 나올 이야기는 《장자》의 〈소요유(逍遙遊)〉 편의 마지막에 나오는 우화입니다.

> 어느 날 혜시가 장자에게 말했다.
> "우리 집에 큰 나무가 있는데, 사람들은 이것을 가죽나무라 부르더군. 그 나무의 몸통은 썩어 파였고, 울퉁불퉁하니 혹이 나서 먹줄로 잴 수 없으며, 작은 가지는 오그라지고 꼬여서 원이나 네모를 그리는 잣대에도 맞지 않는다네. 그래서 길가에 있어도 목수들은 거들떠보지 않지. 지금 자네의 말은 크기만 할 뿐 쓸데가 없어. 그래서 뭇사람들이 자네 곁을 떠나가는 거라네."
> 장자가 대꾸했다.
> "자네는 살쾡이나 족제비를 보지 못했는가? 몸을 낮추고서는 놀러 나오는 먹잇감을 기다리기도 하고, 이리 달리고 저리 뛰어오르면서 높은 곳이나 낮은 곳을 가리지 않다가 결

국에는 덮치기 장치에 걸리기도 하고, 그물에 걸려 죽기도 하지. 그런데 저 모우라는 소는 하늘에 떠있는 구름만큼이나 크지. 이 녀석은 크기는 크지만 쥐도 잡을 수 없어. 그런데 자네는 큰 나무를 가지고 있으면서 그것이 쓸모없다고만 탓하는군. 자네는 왜 그것을 어디에도 없는 곳(무하유지향)의 텅 빈 들판에 심어 놓고, 그 곁을 아무것도 안하면서 그저 왔다 갔다 하거나 그 아래 누워 뒹굴거리거나 하지 않는가? 그렇게 하면 도끼날에 찍혀 일찍 베어지는 일도 없고, 아무도 해를 끼치려 하지 않을 텐데, 쓸모없음이 무슨 근심거리가 되겠나?"

이 이야기에서도 혜시는 장자의 말을 "크기만 하고 쓸모가 없다"라고 지적하는데, 울퉁불퉁해서 목수들도 거들떠보지 않는 커다란 가죽나무를 비유해서 장자의 말을 비판하고 있는 것입니다.

혜시의 말을 들은 장자는 바로 쓸모없는 나무를 말하지 않고, 화제를 살쾡이와 족제비로 돌립니다. 살쾡이와 족제비는 먹잇감을 사냥하기 위해 이리 저리 분주하게 날뛰다가, 사람들이 쳐놓은 덫이나 그물에 걸려 죽고 맙니다. 그런데 구름만큼 큰 소 모우는 쥐를 잡지 못하지만 덫이나 그물에 걸려 죽지 않고 자신의 목숨을 보존합니다.

이 이야기에서 쥐는 현실의 이익이나 현실에서 쓸모 있는 것들의 상징입니다. 장자는 이익을 쫓다가 목숨을 잃는 사람들을 살쾡이와 족제비에 빗댄 것입니다. 그러면서 이익을 쫓지 않는 아주 큰 소를 등장시킵니다. 이 모우라는 큰 소는 장자 자신을 비유했다고 볼 수 있습니다. 장자는 "내 말이 현실의 이익을 구하는 데 도움이 안 될는지 몰라도 사람들을 죽음으로 내몰지는 않는다"라고 말하고 있습니다.

　이제부터 장자는 그 큰 나무를 어떻게 써야할지를 이야기합니다. 혜시에게 큰 나무를 어디에도 없는 곳, 무하유지향의 끝없이 넓은 들판(광막지야, 廣莫之野)에 심어 놓고 한가로이 거닐 생각은 왜 안 하냐고 되묻습니다.

　여기에 나오는 '무하유지향 광막지야'는 이후에 이상향, 즉 유토피아라는 의미로 쓰이게 됩니다. 무하유지향은 '어디에도 없는 곳', 또는 '있는 것이란 아무 것도 없는 곳', 또는 '어떤 있음이 없는 곳'이라고 번역할 수 있습니다. 그래서 대부분 이상향이나 유토피아라고 해석을 하지만, 이것은 장소가 아닌 의식의 어떤 경지를 의미하기도 합니다.

굽은 나무가
선산을 지킨다

　혜시는 장자의 말이 쓸모없다고 했는데, 장자는 쓸모 있는 것도 쓸모없는 것의 도움을 받아야 쓸모가 생긴다고 반박했습니다. 또 장자는 쓸모없다고 여기는 사물이 어떻게 다르게 쓰일 수 있는지를 제시하고 있습니다.

《장자》에는 쓸모 있음과 관련해서 재목으로 쓰이지 않아서 천수를 누리는 나무 이야기가 자주 등장합니다. 우리나라에는 '굽은 나무가 선산을 지킨다'라는 속담이 있는데, 이것도 쓸모없어서 천수를 누리는 경우라고 말할 수 있습니다.

〈인간세〉 편에는 사당을 지키는 커다란 상수리나무 이야기가 실려 있습니다. 낮에 목수 장석은 사당을 지키는 상수리나무를 가리켜 쓸모가 없어서 천수를 누리는 중이라고 말했는데, 밤에 꿈에 그 나무가 나타나서 장석에게 말을 건넵니다. "내가 만약에 쓸모가 있었다면 이처럼 큰 나무가 될 수 있었겠나?" 하고 말이지요.

사당을 지키는 신목(神木)은 원래 재목감으로는 형편없었습니다. 배를 만들면 가라앉고, 관을 만들면 너무 빨리 썩고, 그릇을 만들면 금방 부서지며, 대문이나 방문을 만들면 나무진액이 흘러나오고, 기둥을 만들면 좀 벌레가 생기는 아주 쓸모없는 나무였습니다. 그렇다 보니 자연스레 오래 살 수밖에 없었고, 그래서 사당을 지키는 고목이 될 수 있었으며, 사당을 오가는 사람들에게 그늘과 휴식처를 제공하고, 많은 사람이 신성하게 우러르는 나무가 된 것입니다.

장자의 무용지용이란 쓸모없어 보이는 것들이 실제로 다른 방식으로 가치가 있다는 메시지를 담고 있습니다. 그렇다면 일상에서 무용지용은 무엇이 있을까요?

버려지는 물건에 창의성을 발휘하면 독창적이고 유용한 물건으로 재탄생할 수 있습니다. 이것은 우리의 일상에서 쓸모없어 보이는 물건이 새롭게 가치를 지니게 되는 좋은 예입니다. 리사이클(recycle)이 버리는 물품을 재생하여 다시 사용하는 일이라면, 업사이클(upcycle)은 업그레이드와 리사이클을 합친 단어로 디자인과 활용성을 더하여 더 의미 있고 멋있게 가치를 높이는 일을 의미합니다.

예를 들어, 집안의 폐품으로 화단을 예쁘게 꾸밀 수 있습니다. 자동차의 타이어나 신발이 개성만점의 화분으로 변신할 수 있으며, 부서진 도자기의 조각을 모아서 모자이크 작업을 거치면 텃밭을 독특하고 멋스럽게 장식할 수 있습니다. 양파껍질은 모아서 차로 끓이거나 육수를 낼 때 사용할 수 있고, 천연염색을 할 수 있습니다. 내려 마신 커피가루는 탈취제나 기름때제거 등 다양하게 재활용할 수 있습니다. 그리고 페트병에 쌀이나 잡곡을 담아서 냉장보관하면 신선하게 오래 보관할 수 있습니다.

이처럼 재활용을 통해 무용한 물건을 유용한 물건으로 바꾸는 작업은 자원절약과 환경보호의 차원에서도 매우 중요한 일이며 경제적인 이점도 챙길 수 있습니다.

혜시가 쓸모없다고 말한 커다란 가죽나무를 장자는 무하유지향의 들판에 옮겨 심어서 휴식의 공간을 만들자고 제안했습니다. 이것은 사물을 보는 관점을 조금만 바꾸어 보면 거기에서 숨겨진 높은 가치를 발견할 수 있다는 뜻을 담고 있습니다. 그렇게 되면 장자의 말처럼 쓸모없음이 무슨 근심거리가 되겠습니까?

불변의 지혜

쓸모없다고 여기는 것 속에
진정한 가치가 숨어 있다.

천하에 변하지
않는 것은 없다

◈ 〰 ◈

| 상대주의 |

“본래 긴 것은 자를 것이 아니며,
본래 짧은 것은 늘릴 것이 아닙니다.
두려워하거나 괴로워할 까닭이 없습니다.”

“故性長非所斷, 性短非所續. 無所去憂也.”

《장자》, 〈변무(駢拇)〉 편

《장자》의 〈제물론(齊物論)〉 편에 나오는 설결과 왕예의 대화 중
에는 아주 재미있는 이야기가 있습니다.

“사람은 습한 데서 자면 허리 병이 생기고 반신불수가 되는
데, 미꾸라지도 그러한가? 사람은 나무 꼭대기에 머물면 벌

벌 떨며 두려워하는데, 원숭이도 그러한가? 이 세 가지 중에서 누가 올바른 거처를 아는가? (중략) 모장과 이희를 사람들은 아름답다고 여기지만 물고기는 그들을 보면 물속으로 깊이 도망가고, 새는 그들을 보면 하늘로 높이 날아가며, 사슴은 그들을 보면 힘껏 달아난다. 이 네 가지 중에서 누가 천하의 올바른 아름다움을 아는가?"

여기서 왕예는 사람들이 세속의 가치관에 얽매여 사물의 시비와 이해를 판단한다고 보았습니다. 사물의 아름다움과 추함, 좋아함과 싫어함, 건강에 이로운 것과 해로운 것이 누구에게나 똑같이 적용되지 않고 상대적일 뿐이라고 말하고 있습니다.

모장과 이희는 고대의 미인으로, 사람들은 미인을 아름답다고 여기며 곁에 두려 하지만 누구나 이들을 아름답게 보는 건 아니라고 합니다. 모장과 이희를 보고 물고기가 도망치고 새와 사슴이 달아나는 것은 아름다움을 보는 관점이 상대적이기 때문입니다. 따라서 아름다움과 추함도 절대적인 것이 아닙니다.

진리는
상대적이다

장자는 모든 진리나 가치는 절대적이지 않으며 상대적이라고 주장합니다. 진리라고 여겨지는 것은 어떤 사물이나 어떤 특정한 관점에서만 그렇게 보이는 것이지 보편적인 진리는 없다고 생각합니다. 다시 말해 진리는 각 시대마다 다르고, 지역에 따라서도 다르며, 개인이 처한 상황과 문화에 따라서 다를 수 있다고 보는 것입니다. 이러한 장자의 상대주의 관점은 특히 〈제물론〉 편에서 가장 많이 다루고 있습니다.

서양에서도 상대주의 입장의 철학자들이 있는데, 최초로 상대주의를 주장한 철학자는 고대 그리스의 소피스트인 프로타고라스입니다. 그는 "인간은 만물의 척도"라는 유명한 말을 남겼는데, 보편타당한 진리는 존재하지 않으며, 진리와 지식은 사람마다 다를 수 있는 주관적인 것이라고 주장했습니다. 니체도 객관적인 진리를 부정하고 가치의 상대성을 강조한 철학자입니다. 따라서 장자의 상대주의 사상을 말할 때 니체의 상대주의 이론도 함께 거론되곤 합니다.

장자는 인간의 고정된 가치관이나 유가의 도덕적인 기준을 비판하면서 진리를 상대적이고 유동적인 것으로 이해합니다. 니체의 상대주의는 "신은 죽었다"라는 선언에서 알 수 있듯이, 기독교의 가치관에 대한 비판에서 출발합니다.

그는 진리가 권력과 관련이 있다고 보았는데, 진리는 권력을 통해 구성되고, 유지되는 것이라고 주장합니다. 따라서 개인의 힘과 창조성을 강조하면서 각 개인이 새로운 가치를 창조할 것을 역설합니다. 이처럼 같은 상대주의를 주장하면서도 논설에 차이가 있는 것은 철학자가 처한 시대적 배경과 상황이 다르기 때문입니다.

장자는 전체적인 맥락에서 사물을 보면 본질적으로 다르지 않은데, 사람들은 바로 눈앞의 이익에 현혹되어서 울고 웃는다고 생각했습니다. 이러한 어리석음을 풍자하는 이야기가 바로 〈제물론〉 편에 나오는 '조삼모사(朝三暮四)'라는 아주 유명한 우화입니다.

> "무엇을 조삼이라 하는가. 원숭이를 기르는 저공이 도토리를 원숭이들에게 나누어 주면서 '아침에 세 개, 저녁에 네 개 주겠다'라고 하자 원숭이들은 모두 성을 냈다. 그래서 다시 '그렇다면 아침에 네 개, 저녁에 세 개 주겠다'라고 하자 원숭이들은 모두 기뻐했다고 한다."

여기에서 원숭이들은 하루에 일곱 개를 받는다는 사실에 아무런 변화가 없는데도 기뻐하거나 노여워했습니다. 이것은 아침에 더 받는 것, 즉 바로 눈앞에 오는 이익을 더 좋다고 생각하는 어리석음 때문입니다.

장자가 보기에 어떠한 것이 좋다 나쁘다고 따지는 것도 좀 더 멀리서 전체를 조망해 보면, 전체의 입장에서는 사실 차이가 없는 것입니다. 마치 아침에 세 개를 받든 저녁에 세 개를 받든 하루 동안에 일곱 개를 받는 것에 차이가 없는 것과 같습니다. 따라서 사람들이 다르지 않은데 다르다고 생각하는 이유는 눈앞의 이익으로 인해서 실상을 제대로 분간할 수 없게 되었기 때문입니다.

《장자》의 〈변무〉 편에도 비슷한 이야기가 나옵니다.

> "그러므로 오리의 다리가 짧다고 길게 늘여 주어도 괴로움이 따르고, 학의 다리가 길다고 잘라 주어도 아픔이 따릅니다. 그러므로 본래 긴 것은 자를 것이 아니며, 본래 짧은 것은 늘릴 것이 아닙니다. 두려워하거나 괴로워할 까닭이 없습니다."

이 우화는 두 가지의 의견을 담고 있습니다. 하나는 '자연 그대로의 타고난 본성대로 살게 하라'라는 것입니다. 짧은 다리를 가진 오리는 짧은 대로 살아야 하고, 긴 다리를 가진 학은 긴대로 살아야 괴롭거나 슬프지 않습니다. 이 우화의 다음 구절에서는 유가에서 말하는 인의는 사람의 타고난 본래의 성정이 아니라며, 인을 갖춘 사람은 얼마나 마음고생이 심하겠냐고 반문합니다.

또 다른 의견은 '최상의 신체조건이나 행복은 상대적이라는 것'입니다. 오리는 오리의 다리가 행복한 조건이 되고, 학은 학의 다리가 행복의 조건이 되는 것입니다. 어떤 이는 복잡한 도시생활이 편리해서 좋다고 여기고, 어떤 이는 한적한 전원생활이 여유로워서 좋다고 합니다. 이렇게 저마다 행복의 조건은 다르며, 따라서 절대적인 행복의 조건은 없는 것입니다.

진리는 상대적이고 유동적인 것

장자는 세상의 모든 것이 끊임없이 변한다고 보았습니다. 따라서 고정된 가치나 진리는 없으며, 진리는 상대적이고 유동적인 것이라고 합니다. 장자에서 말하는 성심(成心)이란 일정한 견해를 지닌 마음, 즉 편견을 말합니다.

장자는 이러한 편견과 선입견이 사물을 왜곡되게 보도록 만든다고 하면서 성심을 버리고 허심(虛心)을 지니라고 주장합니다. 허심은 성심을 해체해야 이루어지는 마음으로써 고정된 선입견이 없이 다양한 관점을 수용하고 변화에 적응하는 유연한 마음을 말합니다.

장자의 상대주의 관점을 현대사회에 적용하면 몇 가지 교훈을 얻을 수 있습니다. 첫째는 다양성을 존중하게 됩니다. 오리 다리와 학의 다리의 우화에서처럼 다리가 길면 긴대로 짧으면 짧은 대로 각자의 본성을 존중하게 됩니다. 저마다 다른 각자의 기질과 개성을 존중하면서 차별하거나 배척하지 말고 평화롭게 조화를 이루는 것이 필요합니다. 그랬을 때 사회의 다양성이 공존할 수 있을 것입니다.

둘째는 공감능력의 향상입니다. 상대주의 관점은 타인의 입장에서 사물을 바라봄으로써 타인을 이해하는 데 도움을 줍니다. 우리가 타인의 다름을 인정하고 그의 입장을 공감하면 보다 원만한 인간관계를 형성하고, 사회적 연대감을 높이는 데 기여할 수 있습니다.

셋째는 상황에 따른 유연성입니다. 《장자》의 조삼모사 우화는 고정된 원칙보다는 상황에 따라 유연하게 대처하는 태도를 잘 보여 줍니다. 원숭이를 기르는 저공이 아침에 세 개 준다는 말에 펄쩍 뛰는 원숭이들을 향해서 "그러면 아침에 네 개 주겠다"라고 하는 태도는 바로 상황에 따른 유연함을 보여 주는 사례입니다.

저공처럼 유연한 태도는 오늘날 빠르게 변화하는 사회에 적응하는 데 매우 유용한 태도가 될 것입니다.

불변의 지혜

다양한 시각을 받아들이고
고정된 생각에서 벗어나라.

항상 잊지 말아야 하는
만고불변의 진리

❖ ▥ ❖

| 기화 사상 |

"기가 모이면 삶이고 흩어지면 죽음이다."

"聚則爲生, 散則爲死."

《장자》, 〈지북유〉 편

장자의 아내가 죽자 혜시가 조문을 갔습니다. 그런데 장자가 바야흐로 두 다리를 쭉 뻗고 앉아 항아리를 두드리면서 노래를 부르고 있는 게 아닌가요? 그를 본 혜시가 이렇게 말했습니다.

"고인과 함께 살면서 자식을 키웠고, 같이 늙어가다가 그가 죽었는데, 곡을 하지 않는 것만으로도 비난받기에 충분하거늘, 거기에 항아리를 두드리면서 노래까지 부르다니 너무 심한 것 아닌가?"

"그렇지 않아. 그 사람이 죽고 난 뒤 처음에는 나라고 어찌 슬픈 마음이 없었겠는가? 그런데 그 사람의 뿌리를 생각해 보았더니 본래 생명이 없었어. 생명이 없었을 뿐만 아니라 본래는 형체도 없었어. 까마득하고 어렴풋한 것들 속에 무언가가 섞여 있다가 변해서 기(氣)를 갖게 되었고, 기가 변해서 형체를 갖게 되었고, 형체가 변해서 생명을 갖게 되었던 거야. 지금 또 변해서 죽어갔지. 이것은 기가 서로 어우러져 봄, 여름, 가을, 겨울 등 네 계절이 운행되는 것과 같아. 아내는 또 천지라는 거대한 방에 편안하게 누워 있는데, 내가 꺼이꺼이 하면서 곡을 한다면 그것은 내 자신이 필연적인 이치에 대해 알지 못하는 행동이라고 생각되었어. 그래서 울음을 그친 거야."

이 일화를 사자성어로 고분지통이라고 부릅니다. 고분지통을 번역하면 항아리를 두드리는 아픔이 됩니다. 이 유명한 일화는 아내가 죽었는데, 항아리를 두드리면서 노래를 부르는 장자에게 친구인 혜시가 한 마디 하는 것으로 시작됩니다. 혜시가 이런 장자의 모습을 그냥 지나칠 리 없었겠지요. "이건 너무 심한 것 아닌가?"라는 혜시의 지적에 대해 장자는 아내의 죽음이 자연의 필연적인 법칙이라고 말합니다. 그렇기 때문에 자신이 곡을 하는 것은 필연적인 이치를 잘 모르는 행동이라는 것입니다.

장자가 이처럼 죽음을 자연의 법칙으로 파악한 바탕에는 세상 만물이 '기'로 이루어져 있다는 관점이 깔려 있습니다. 사실 고분 지통의 일화에서 핵심은 죽음과 삶이 하나의 기로 통한다는 것에 있습니다.

기(氣)는 만물을 낳는
물질의 기초

우리는 흔히 "기가 세다", 또는 "기가 약하다"라는 말을 합니다. 또 가족이나 동료가 축 쳐져 있으면 기가 죽어 있다면서 기를 살리라고 말합니다. 기는 동양에서 수천 년 동안 철학, 의학, 천문학, 지리학, 문학, 서예나 회화 등에 두루 사용되어 왔습니다. 그리고 기는 여전히 우리의 문화에 깊숙이 존재하면서 다양한 곳에서 쓰이고 있습니다.

기가 처음 보이는 것은 고대 국가인 상나라에서였습니다. 기는 처음에 아지랑이가 피어오르는 것을 보고 대자연이 호흡한다고 생각하면서 나온 글자로 보입니다. 나중에 쌀 미(米)자가 결합되면서 밥을 지을 때 피어오르는 수증기의 모습을 표현하게 되었습니다. 공기, 대기, 기상이변, 연기라고 말할 때 쓰이는 기는 움직이는 바람이나 구름의 의미로 쓰일 때입니다.

기는 에너지나 생명력을 의미하기도 하는데, 기를 쓴다는 것은 바로 에너지를 쓴다는 의미가 됩니다. '기가 약하다', '기가 살았다', '기가 막히다'가 그러한 예입니다.

그리고 기는 모였다가 흩어지는 성질이 있습니다. 인기란 사람들의 관심이 모이면 올라가고, 관심이 흩어지면 떨어집니다. 많은 사람들이 기를 모아 주는 것이 바로 인기입니다. 이렇게 기가 모이고 흩어지는 것을 '기의 취산'이라고 하는데, 장자는 기가 모이고 흩어지는 작용을 생명과 죽음의 현상으로 연결지었습니다. 이렇게 장자가 기를 가지고 만물이 생성하고 변화하는 과정을 설명하면서 기는 철학의 용어로 사용되기 시작합니다.

중국의 철학자 리우샤오간은 장자가 자신의 철학체계에 기라는 개념을 끌어들인 이유를 분석했는데, 다음과 같습니다.

첫째, 형체가 없는 도가 구체적으로 형체가 있는 만물을 만들어 내는 과정에서 어떤 과도기가 필요했기 때문입니다.

둘째, 장자는 만물을 동일한 것으로 간주하는데, 그러려면 만물에 공통으로 존재하는 무언가가 필요했다는 것입니다.

셋째, 장자는 어떤 생명체가 다른 생명체로 바뀌는 것이 가능하다고 보았는데, 그러기 위해서는 일체의 변화 과정을 관철하는 개념이 필요했습니다. 이러한 요구에 적합한 개념은 무형이면서 유형일 수 있고, 운동할 수 있으면서 모여서 덩어리를 형성할 수 있고, 위로는 도에 도달할 수 있으면서 아래로는 사물에 통할 수 있어야 합니다. 이런 개념으로는 기밖에 없다고 분석합니다.

고분지통 일화에 나오는 까마득하고 어렴풋한 것들 속에 무언가가 섞여 있는 상태가 바로 도의 모습입니다. 장자가 말하는 도는 자연의 법칙으로써 만물을 생성할 수 있는 잠재력을 지니고 있습니다. 그래서 기를 통해야만 비로소 만물을 생산할 수 있게 되는 것입니다. 말하자면 기는 만물을 낳는 물질의 기초인 셈입니다. 장자는 기를 도가 만물을 생성하는 과정에서 중간에 작용하는 연결고리라고 보았습니다.

기가 모이면 삶이고
흩어지면 죽음이다

장자는 도가의 대표적인 사상가로서 중국 고대의 '기 철학'에 큰 획을 그은 인물입니다. 그는 이 세상의 만물이 모두 기를 지니고 있다고 생각했는데, 따라서 만물의 통일성 또한 기에 있다고 보았습니다.

장자에 따르면 세상의 모든 변화는 기가 모였다 흩어졌다 하는 기의 취산일 뿐입니다. 나시 밀해 '기기 모이면 생명이 되고, 기가 흩어지면 죽는다'라고 생각했습니다.

고분지통의 일화에서 장자는 생명과 죽음의 과정을 다음과 같이 정리합니다. 처음에는 까마득하고 어렴풋한 혼돈상태인데, '무위자연'의 완전한 도의 모습입니다. 바로 생명이 탄생할 수 있는 원천입니다. 그 속에서 기가 나오고, 기가 변화해서 형체를 갖게 되고, 형체가 변해서 생명을 지니게 되고, 또 기가 변해서 죽게 됩니다.

지금 장자의 아내가 죽은 것은 바로 기가 변했기 때문인데, 즉 기가 흩어졌기 때문입니다. 말하자면 도가 만물을 낳을 수 있는 관건은 기에 달려 있습니다. 이러한 기의 변화를 '기화(氣化)'라고 합니다. '기화 사상'은 장자의 생사관에서 중요한 개념으로서 물화와도 연결됩니다.

장자도 아내가 죽었을 때 처음에는 울었습니다. 그런데 이내 자신이 필연적인 이치를 모르는 행동을 하고 있다는 자각을 하고 울음을 그쳤습니다. 장자가 울음을 그치고 아내의 죽음을 초연하게 대면할 수 있었던 이유는 자연의 법칙 안에서 태어난 모든 생명체는 언젠가 죽는다는 이치를 이해했기 때문입니다.

따라서 아내의 죽음은 생명체의 소멸이 아니라 단지 기존의 형체를 해소하는 것에 불과합니다. 기존의 형체가 해소된 생명체는 다시 기에 복귀되고, 기의 운동변화를 거쳐서 또다시 새로운 생명체로 태어날 것이기 때문에 울음을 그칠 수 있었습니다.《장자》에서는 이렇게 기의 변화가 마치 사계절의 변화처럼 끊임없이 순환하고 부단히 연속되는 것이라고 보았습니다.

인생은 그저
잠시 머물다 가는 것일 뿐이다

장자의 기화 사상을 오늘날 과학이론과 접목시켜서 생각할 수가 있습니다. 열역학 제 1법칙인 에너지보존의 법칙은 모든 에너지의 총량이 항상 보존된다는 법칙입니다.

미국의 과학 작가인 나탈리 앤지어는 《원더풀 사이언스》에서 어둡고 외로운 밤에 죽음과 소멸에 생각이 미쳐서 문득 두려움이 밀려온다면 에너지 보존의 법칙을 떠올려 보라고 합니다. 우주에 있는 전체 에너지는 더 만들어지지도 않지만 사라지지도 않아서, 원자 속에 들어 있는 에너지와 원자들을 결합시키는 에너지는 없어지지도 사라지지도 소멸되지도 않는다고 합니다.

나탈리는 우리를 구성하는 질량과 에너지는 다른 형태로 바뀔 수 있지만 언제나 이 우주에 남아서 생명을 이어갈 것이라고 말합니다. 그는 딸이 어둠이 무섭다고 할 때마다 열역학의 기본 진리를 이야기해 주었다고 합니다.

그런데 어느 추운 날 아침에 그의 딸이 학교에 가려다 말고, 한가로이 털을 고르고 있는 고양이를 부러운 눈길로 바라보며 이렇게 말했다고 합니다. "내가 죽으면 내 원자들이 고양이가 되면 좋겠어요." 나탈리의 어린 딸이 한 이 말은 장자의 '기가 흩어져서 죽고, 다시 기가 뭉쳐서 태어난다'라는 기화 관념과 많이 통하는 듯합니다. 오늘날 기가 에너지의 의미로도 쓰이기 때문에 기화 사상은 에너지가 형태만 달리하고 존재한다는 에너지 보존의 법칙과 다르지 않습니다.

장자의 이러한 기화 사상은 삶과 죽음이 다르지 않으며, 따라서 죽음을 너무 애통해할 필요가 없다는 생사관을 이끌어 냅니다. 장자의 관점에서 보자면 현재 나의 삶은 어떤 생명체의 죽음 뒤에 흩어졌던 기가 모이고 응결되어서 시작되었습니다. 그리고 어느 시점에서 다시 흩어지게 됩니다.

생성과 소멸을 거듭하는 대자연의 흐름 안에서 한 사람의 인생이란 그저 잠시 머물다 가는 것에 불과합니다. 나를 대자연의 한 구성원으로 인식하게 되면 언젠가 내가 왔던 곳으로 되돌아가는 것이 자연스러워집니다. 죽음은 일종의 변화이자 자연스러운 현상으로서 담담하게 다가올 것입니다. 이러한 생사관은 내세가 주는 위로만큼 강력하진 않을지 몰라도 우리가 마주하게 되는 죽음 앞에서 잔잔한 위로가 될 수는 있습니다.

불변의 지혜

삶과 죽음은 기의 순환 속에서 이루어지는 자연스러운 변화일 뿐,
이를 담담히 받아들이는 것이 진정한 평온을 찾는 길이다.

"내가 나비의 꿈을 꾸는가
나비가 나의 꿈을 꾸는가"

| 물화 사상 |

"그는 장주가 꿈에 나비가 되었던 것인지,
나비가 꿈에 장주가 된 것인지 알 수 없었다."

"不知周之夢爲胡蝶, 胡蝶之夢爲周與."

《장자》, 〈제물론〉 편

호접지몽은 〈제물론〉 편의 가장 마지막에 실려 있는 우화로, 장
자는 여기서 장주라는 자신의 이름으로 등장합니다. 호접지몽 고
전을 잘 모르는 사람도 한번쯤은 들어본 《장자》 가운데 가장 유명
한 우화입니다.

호접지몽은 호랑나비의 꿈이라고 번역이 되는데, 매우 문학적
이고 예술성이 짙은 글로써 읽는 이로 하여금 잠들어 있는 장자와

팔랑거리는 나비의 이미지를 떠올리게 합니다.

"예전에 장주는 꿈에 나비가 되었다. 흡족한 기분으로 훨훨 날아다니는 나비였다. 장주는 매우 즐거웠고 제 맘대로 날아다녔기 때문에 자신이 장주인 줄을 몰랐다. 그러다 갑자기 깨어 보니 어리둥절해 하고 있는 장주였다. 그는 장주가 꿈에 나비가 되었던 것인지, 나비가 꿈에 장주가 된 것인지 알 수 없었다. 장주와 나비는 분명히 구분이 있을 것이다. 이를 물화(物化)라 한다."

호접지몽에서 장주와 나비는 분명히 구분이 있다고 했고, 이것을 '물화'라 한다고 했습니다. 물화는 두 가지의 해석이 있는데, 하나는 '만물의 변화'이고, 다른 하나는 '만물의 전화(轉化)'입니다. 많은 해설서가 물화를 만물의 변화로 해석합니다. 그런데 이 글에서는 만물의 전화라는 의미의 물화를 살펴보려고 합니다.

인간과 자연은 서로 다르지 않다

전화(轉化)는 질적으로 바뀌어서 다르게 된다는 것을 뜻합니다. 지금은 장주이지만 변화를 거쳐 나비가 될 수 있고, 마찬가지로 나비가 장주가 될 수 있습니다. 이처럼 만물의 전화는 종과 종 간의 변화가 가능하다는 관념입니다.

한나라 시기의 역사 연구에 장기간 전념해 온 영국의 역사학자 마이클 로이는 중국인의 창조관념에 하나의 전제가 깔려 있다고 합니다. 그것은 하나의 생명체가 다른 생명체로, 때로는 전혀 다른 종으로 변신하는 것이 충분히 가능하다는 관념입니다. 그는 기원전 2천 년경부터 애벌레, 번데기, 나방이의 라이프 사이클을 완전히 터득한 중국 민족에게서 이러한 사고가 성행했다는 것은 놀라운 일이 아니라고 합니다.

마이클에 따르면 이 변신의 관념은 신화와 철학에도 침투되었는데, 예를 들면 우임금의 아버지 '곤'은 홍수 퇴치에 실패하자 자라로 변신하는 처분을 받았으며, 불사약을 훔친 '항아'는 불사약을 가지고 달아나 두꺼비가 되어 달에서 영원히 산다고 합니다. 또한 《장자》의 〈소요유〉 편 첫머리에는 크기를 헤아릴 수 없는 거대한 물고기 '곤'이 거대한 새 '붕'으로 변신하는 우화가 있습니다.

앞서 고분지통에서 소개한 기화는 기가 모이면 삶이 되고 흩어지면 죽는다는 관념인데, 기가 모여서 얻어진 삶이 기가 흩어져서 죽게 되면 다시 기가 모여서 다른 생명체로 태어나게 된다는 관념이 물화입니다. 각각의 사물을 관찰하면 각각 다른 사물입니다. 그러나 물화의 관점을 가지고 사물이 변화하는 과정 전체를 보게 되면, 다시 말해 긴 안목에서 보면 만물은 결국 다르지 않습니다.

물화의 관점에서 보면 인간은 자연과 다르지 않으며, 단지 만물의 전화 과정 중에 나타난 차이에 불과한 것입니다. 따라서 장자가 나비이고, 나비가 장자일 수 있게 됩니다. 이렇게 나비와 장자의 구분이 모호해진다는 점에서 호접지몽은 물아일체의 경지를 잘 보여 주는 이야기입니다. 장자가 나비가 되어 꿈을 꾼 것처럼, 자신과 외부 세계의 경계가 허물어지면서 자아와 세계가 하나로 융화되는 상태를 표현하고 있습니다.

《장자》의 〈대종사(大宗師)〉 편에는 물화를 대장장이에 비유하는데, 다음은 자래가 죽어가면서 문병 온 친구 자리와 나누는 대화입니다. 여기에서 자래는 자신이 죽은 뒤에 어떤 생명체로 다시 태어날지는 알 수 없다고 말합니다.

"가령 대장장이가 쇠붙이를 녹여 뭔가를 만들려고 할 때 쇠붙이가 길길이 뛰면서 '나는 꼭 막야가 되겠다'라고 한다면 대장장이는 분명히 그것을 불길한 쇠붙이라고 여길 것이네. 지금 우리는 우연히 한 번 사람의 모습으로 만들어졌을 뿐인데 '사람으로 남겠다, 사람으로 남겠다'라고 한다면 조물주는 분명 그를 불길한 자라 여길 것이라네. 지금 천지는 거대한 용광로이고, 변화는 대장장이일세. 어떻게 변한들 좋지 않을 것이 있겠는가? 편안하게 잠들었다가 홀연히 깨어날 것일세."

여기에서 막야는 오나라 때 간장이 만든 명검이라고 합니다. 자래는 죽어가면서 대장장이가 명검을 만들건 또 다른 것을 만들건 상관하지 말고, 그 변화에 온전히 맡겨야 한다고 말하고 있습니다.

이와 같이 한 생명의 종결은 다른 새로운 생명의 시작을 의미하고, 생명은 다시 죽음으로 변화되며, 죽음은 또 다른 삶으로 변하게 됩니다. 이른바 '방생방사(方生方死), 방사방생(方死方生)', 즉 삶과 동시에 죽음이 있고, 죽음과 동시에 삶이 있게 됩니다. 다시 말해, 물화관념이란 기의 응집으로 얻어진 삶이 기의 흩어짐으로 소멸되고 나면 이후에 다시 기가 응집되어 종이 전혀 다른 모종의 생명체로 태어날 수 있게 된다는 관념입니다.

이외에 진나라 재상 여불위가 편찬한 《여씨춘추》에도 물화가 등장하는데, 가만히 보면 여기에는 나름의 규칙이 있습니다. 예를 들면 참새가 큰물(바다)에 들어가면 조개가 되지만, 참새보다 큰 새인 꿩이 큰물에 들어가면 큰 조개가 됩니다.

"봄에는 매가 변해서 비둘기가 된다. 늦은 봄에는 두더지가 변해서 메추리가 된다. 늦은 여름에는 썩은 풀이 변하여 개똥벌레가 된다. 늦은 가을에는 참새가 큰물에 들어가 조개가 된다. 초겨울에는 꿩이 큰물에 들어가 큰 조개가 된다."

이상에서 물화 관념은 하나의 생명체가 다른 생명체로, 때로는 전혀 다른 종으로 변신하는 것이 가능하다는 관념으로써 고대 중국인들에게 널리 퍼져 있던 생각임을 확인할 수가 있습니다.

자연과 내가
하나되는 경지

과학의 눈부신 발달을 이룩한 현대인에게 장자의 물화와 물아일체 사상은 납득하기 어려울 수 있습니다. 하지만 작은 나비 한 마리도 하나의 생명체로서 소중하다는 생각을 불러올 수는 있습니다.

장자에 따르면 모든 생명체는 기로 이루어져 있기 때문에 궁극적으로 나와 나비가 다르지 않고, 인류와 지구의 온갖 생명체들이 다르지 않으니까요. 물화의 관점에서 보면 지금은 내가 사람이지만 언젠가 나비가 될 수 있습니다. 여기에서 사람만이 존귀하다는 생각은 찾아볼 수 없습니다.

이러한 장자의 물화 사상과 대립하는 생각이 있습니다. 그것은 인간은 만물의 영장이고, 세상을 개발하고 지배한다는 생각입니다. 그렇게 되면 자연은 개발대상이자 문명을 위한 도구가 됩니다. 그런데 이러한 관점이 현재 심각하게 지구의 안전을 위협하고 있습니다.

사람들이 저지르는 무분별한 개발과 동식물의 채취와 포획, 서식지의 파괴, 오염물질의 배출, 기후변화 등으로 인해 멸종위기의 동식물이 늘어나고 있습니다. 이렇게 멸종되는 생명체가 늘어갈 때마다 인류의 생존은 함께 위협받습니다. 식물과 동물이 살수 없는 지구는 인류도 살 수 없는 세상입니다.

호접지몽의 우화에서 장자는 나비의 꿈을 꾸는 잠깐 동안 즐거움을 느꼈다고 했습니다. 자연과 내가 하나가 되는 경지, 대상에 완전히 몰입된 물아일체의 경지에서 장자는 즐거웠습니다. 이처럼 인간은 자연과 더불어 살 때 행복을 느끼며, 자연을 떠나서 홀로 살 수 없는 존재입니다.

사실 자연 속에서 행복을 느끼는 체험은 일상에서 쉽게 할 수 있습니다. 누구나 한번쯤 무미건조한 공간에 작은 화분 하나를 놓는 것만으로 분위기가 생기 있고 화사하게 바뀌는 경험을 해보았을 것입니다. 요즘은 집안이나 사무실 등 실내 공간을 식물로 꾸미는 자연친화적인 플랜테리어가 지속적으로 관심을 받고있습니다. 실내에서 식물은 사람들의 마음을 치유해 주고, 가습과 제습, 공기청정 등의 효과를 줍니다.

실내에서 화분을 키우는 것은 좋은 취미가 될 수 있습니다. 식물에 정성을 쏟으면서 돌보는 과정은 그 자체로 마음을 안정시킵니다. 그리고 잘 자라는 과정을 지켜보면서 성취감과 보람을 느낄 수 있습니다. 이것은 일상에서 손쉽게 자연과 교감할 수 있는 좋은 기회입니다.

바쁘게 돌아가는 도시생활에 지쳤을 때 공원을 산책하거나 나무 그늘 밑에서 잠시 휴식을 취해 보십시오. 그 짧은 자연과의 만남으로도 스트레스가 줄어들고 정신의 안정과 함께 마음의 여유를 느낄 것입니다.

불변의 지혜

자연과 조화를 이루며 살아갈 때
마음의 평화와 행복을 찾을 수 있다.

7장

"빨리 결단하고 변화에 순응하라"

한비자의 통찰

세상이 달라지면
기준도 달라진다

⁕ ▨ ⁕

| 수주대토 |

"세상이 다르면 일도 다르다,
일이 다르면 대비하는 것도 바뀌어야 한다."

"世異則事異, 事異則備變."

《한비자》, 〈오두(五蠹)〉 편

송나라에 사는 한 농부가 밭을 갈고 있었습니다. 그런데 갑자기 숲속에서 토끼 한 마리가 튀어나와 나무 그루터기에 부딪쳐 죽고 말았습니다. 농부는 "토끼가 제 스스로 튀어나와서 부딪쳐 죽다니!"라며 기뻐서 어쩔 줄을 몰랐습니다. 그날부터 농부는 밭을 갈 생각은 하지 않고, 나무 그루터기만 바라보았습니다. 전처럼 토끼가 튀어나와 스스로 부딪쳐 죽기를 기다렸지만, 토끼는 더 이상 나타나지 않았고 농부는 다른 사람들의 웃음거리만 되었습니다.

이 이야기는 한 번의 우연한 행운이 되풀이 될 것을 기대하거나, 노력하지 않고 무엇이든 쉽게 얻고자 하는 태도를 풍자한 '수주대토(守株待兎)'라는 우화입니다. 원하는 결과를 얻기 위해서는 운이나 요행을 바라기보다는 성실한 노력으로 이뤄야 한다는 인생의 교훈을 전합니다.

이 수주대토의 고사는 변화에 적응하지 못하는 사람들을 풍자할 때도 쓰입니다. 이 경우 농부는 과거의 우연한 행운에 집착하며, 변화하는 현실에 적응하지 못하는 인물을 상징합니다.

한비자는 "옛날 성왕의 정치를 좇아서 현재의 백성을 다스리려고 하는 것은 모두 그루터기를 지키는 것과 유사하다"라며, 과거의 방식을 고수하려는 태도를 비판했습니다. 그는 성왕인 요임금이나 순임금의 치적을 높이 평가하고, 이를 본받으려는 사람들을 시대에 맞지 않는 사고방식을 지닌 이들로 보았으며, 그들은 새로운 성인의 비웃음을 사게 될 것이라고 경고했습니다.

한비자의 견해에 따르면, 요순이 살던 시대와 한비자가 살던 전국시대는 완전히 다른 환경이었습니다. 요순이 다스리던 시대에는 인구가 적고 물자가 풍부해 힘들여 일하지 않아도 생활이 넉넉했습니다. 그런데 전국시대는 인구는 늘어났는데 재화는 부족하여 지치도록 힘써 일해도 생활은 야박했습니다. 그래서 백성들은 생존을 위해 서로 다퉈야 했습니다. 이러한 상황에서 요순시대의 방법을 고집하는 것은 마치 나무 그루터기를 지키는 농부처럼 어리석다는 것이 한비자의 주장입니다.

한비자는 〈오두〉 편에서 시대가 다르면 대비할 것도 달라져야 한다고 이야기합니다. 전국시대와 같은 혼란한 시기에 백성에게 관용을 베푸는 느슨한 정치를 주장하는 것은 마치 고삐와 채찍 없이 거친 말을 몰려는 것과 같으며, 현실을 전혀 파악하지 못한 견해라는 것입니다.

그래서 한비자가 생각하는 성인은 유가나 묵가에서 말하는 성인과는 다릅니다. 그 성인은 옛것을 무작정 따르지 않고, 고정된 전통을 지키려 하지 않으며, 시대의 문제를 읽어내어 그에 맞는 대책을 세우는 지도자입니다. 이처럼 한비자는 과거에 유효했다는 이유로 인륜과 도덕을 계속 고수하려는 유가의 생각을 수주대토의 우화에 나오는 어리석은 송나라 농부를 빗대어서 비판하고 있습니다.

혼란한 시대의 현실적인 대안

법가 사상이 출현하게 된 배경은 전국시대의 극심한 정치적 혼란과 사회적 불안정성에서 찾을 수 있습니다. 이 시기는 각국이 서로 경쟁하며 생존을 위해 싸우던 시대였기 때문에 강력한 중앙 집권적인 통치체제가 절실히 필요했습니다. 따라서 당시 사회에 맞는 새로운 법과 제도의 필요성이 높아졌고, 이러한 요구에 부응하여 법가 사상이 등장하게 된 것입니다.

당시 기존 정치 이념인 유가와 묵가는 잦은 전쟁과 혼란 속에서 실질적이고 효과적인 해결책을 제시하지 못했습니다. 유가의 도덕적 접근은 이상적이었으나 현실적인 문제를 해결하는 데 한계를 보였습니다. 이에 법가는 유가를 비판하며 법과 처벌을 통해 사회를 안정시키자는 실용적인 대안을 제시합니다.

한비자는 시대의 변화를 인식하지 못하고 과거의 이상에 매달려 현재의 정치를 비판하는 학자들을 나라를 해치는 무리로 규정했습니다. 그는 도덕에 의한 정치는 상고시대에서나 유효했을 뿐, 약육강식의 시대에 통용될 수 없다고 여긴 것입니다.

《한비자》의 〈오두〉 편은 한비자가 직접 저술했다고 추정되는 편 중 하나로, 진시황이 한비자의 〈오두〉 편과 〈고분(孤憤)〉 편을 읽고 한비자를 존경하게 되었다고 합니다. '오두'란 나라를 망하게 하는 다섯 가지 좀 벌레를 뜻하는데, 한비자는 나라에 있는 오두를 없애지 못하면 영토가 깎이고 결국 멸망할 것이라고 주장했습니다.

한비자가 말한 다섯 가지 좀 벌레 가운데 첫 번째는 선왕의 도를 칭찬하면서 현실과 맞지 않는 말을 늘어 놓아 군주의 마음을 어지럽히는 학자들입니다. 두 번째는 담론을 하는 자인데, 국제

외교상에서 활약하는 유세객으로서 이른바 종횡가를 말합니다. 한비자가 보기에 이들은 교묘한 변론에만 힘을 쓰면서 거짓을 늘어 놓고, 바깥나라의 힘을 빌려서 사익을 챙기는 자들입니다. 그는 학자와 유세객이 수고롭게 농사를 짓지 않고 전쟁에 참여하지 않으면서도 존귀함을 얻는 무리라고 비판합니다.

세 번째는 칼을 찬 협객입니다. 이들은 절개를 내세워 이름을 얻고 법을 우습게 여기는 무리들입니다. 네 번째는 권세를 가까이하는 자들로, 권세가의 측근에 있으면서 각종 뇌물이나 청탁금을 챙기는 자들입니다. 다섯 번째는 농부의 이익을 가로채는 상공인들입니다. 한비자는 〈오두〉 편에서 이와 같이 당시 사회의 모순을 체계적으로 분석하고 비판했습니다.

한비자는 다수의 사람들이 선한 일을 하기는 어렵지만, 법을 통해 악한 일을 못하도록 막는 것은 가능하다고 보았습니다. 한비자가 보기에 한 국가에서 도덕을 제대로 지키는 사람은 열 사람 정도에 불과하며, 따라서 도덕에 기대기보다는 법을 통해 다수의 악행을 막는 것이 더 현실적이고 실현가능한 방법이라는 것입니다. 이러한 이유로 그는 법치를 강조하며, 도덕보다는 실질적이고 실행 가능한 법이 국가를 안정시키는 열쇠라고 판단했습니다.

한비자는 유가와 묵가의 주장을 비현실적이라고 비판하며 법치의 필연성을 강조했습니다. 법가의 정치철학은 유가나 도가의 사상에 비해 매우 구체적이고 현실적이었으며, 실제 정치 상황에

즉시 적용할 수 있는 실용성이 컸습니다. 이와 같은 배경에서 전국시대의 군주들은 법가 사상을 적극적으로 수용하였습니다.

시대의 동향을
읽어라

시대가 변하면 사람들의 가치관도 변하고 사회가 요구하는 바도 달라집니다. 한비자는 이러한 시대의 요구를 정확히 파악하고 그에 맞는 구체적인 대안을 제시한 현실감각이 뛰어난 사상가입니다. 그는 수주대토의 우화를 통해 옛 방식을 고수하고 변화에 적응하지 못하는 태도를 비판했습니다. 한비자의 이러한 관점은 오늘날에도 여전히 많은 시사점을 제공합니다.

한비자의 관점을 현대사회에 적용해 본다면, 사회의 변화를 읽고 이에 대응하는 전략을 짜는 것이라고 말할 수 있습니다. 트렌드를 파악하는 것은 단순한 유행을 넘어서 사회 각 방면에서 장기적인 전략을 세우는 데 중요한 영향을 미칠 수 있습니다.

철학적으로 변화는 존재의 본질이며, 특히 도가학파의 노자와 장자도 변화를 중요하게 다루었습니다. 트렌드는 사회가 어떻게 변화하는지, 또한 어떤 가치가 사라지고 어떤 가치가 지속되는지를 보여 줍니다. 따라서 트렌드를 읽는 것은 변화하는 사회를 이해하는 과정이라 할 수 있습니다. 이렇게 시대의 흐름을 읽고 파악하는 일은 빠르게 변화하는 사회에 적응하려는 적극적인 행동이라 할 수 있습니다.

하지만 오늘날에도 나무 그루터기를 지키는 농부처럼 구시대의 악습이나 고리타분한 사고방식을 고집하는 사람들이 있습니다. 물론 좋은 전통은 계승하고 발전시켜야 하지만, 과거의 악습이나 시대에 뒤떨어진 낡은 생각은 과감히 버려야 합니다. 지나치게 과거에 얽매이다 보면 새로운 가치관과 변화를 수용하기가 어려워집니다. 나날이 변화하는 시대와 발맞추기 위해서는 새롭고 다양한 관점을 받아들이는 유연한 사고가 필요합니다.

유연한 사고란 다양한 관점과 접근방식을 수용할 수 있는 열린 태도를 의미합니다. 이러한 사고를 가지면 변화하는 환경에 따라 보다 창의적이고 다양한 해결책을 모색할 수 있습니다. 이를 위해서는 여러 분야에 관심을 가지고, 다양한 경험을 쌓으면서 늘 새로운 도전에 열려 있어야 합니다.

유연한 사고와 열린 마음으로 시대의 변화에 대응하는 것이야말로 한비자의 가르침을 현대에 실천하는 길이 될 것입니다.

불변의 지혜

시대의 흐름을 파악하고
유연하게 대처하는 것이 성공의 길을 연다.

모든 일에는
반드시 때가 있다

◈ ⟡ ◈

| 법·술·세의 통합 |

"남들이 나를 위해 잘한다고 해서 의지하지 않고,
그들이 비리를 저지르지 못할 방법을 쓴다."

"不侍人之爲吾善也, 而用其不得爲非也."

《한비자》, 〈현학〉 편

《한비자》의 〈이병(二柄)〉 편에는 '월관지화(越官之禍)'라는 고사
가 등장합니다. 이는 관리가 자신의 직무를 벗어나 다른 사람의
일을 하면 엄벌에 처해야 한다는 말로, 다음과 같은 일화에서 나
왔습니다.

옛날 한나라의 군주 소후가 술에 취해 잠이 들자 관(冠)을 담당
하는 관리가 군주가 추위하는 모습을 보고 군주의 몸에 옷을 덮

어 주었습니다. 군주는 잠에서 깨어난 뒤 흡족해하며 주위의 신하들에게 물었습니다. "누가 옷을 덮어주었는가?" 신하들이 대답하였습니다. "관을 담당하는 자입니다." 군주는 이 일로 옷을 담당하는 관리와 관을 담당하는 관리 모두에게 죄를 물었습니다.

한비자는 이 일화를 통해 옷을 담당하는 관리에게는 자신의 업무를 소홀히 한 죄를, 관을 담당하는 관리에게는 자신의 직무를 넘어선 행위를 한 죄를 물어야 한다고 설명합니다.

소후가 이들의 죄를 물은 이유는 다른 사람의 직분을 침해하는 일이 군주가 잠시 추위를 느끼는 것보다 더 큰 문제라고 여겼기 때문입니다. 그러므로 현명한 군주라면 신하가 자신의 직분을 넘어서 공을 세우지 않도록 경계해야 하며, 월권행위를 한 자에게는 사형을 내려야 한다고 주장합니다.

군주가 법을 운용할 때 취하는 술(術)책을 '형명참동(刑名參同)'이라고 합니다. 여기서 '형'은 신하의 구체적인 실제 행동을, '명'은 신하가 한 말, 즉 명목을 의미합니다. 다시 말해, 군주는 신하의 말과 행동이 일치하는지 대조하여 평가하고, 그에 맞는 상벌을 내려야 한다는 것입니다.

이 과정에서 신하는 자신의 직분에 부합하지 않은 실적을 올려도 처벌의 대상이 됩니다. 예를 들어, 어떤 관리기 자신의 직책보다 낮은 실적을 올리면 처벌받지만, 반대로 직책보다 높은 성과를 올려도 월권으로 간주되어 처벌을 받습니다. 즉, 법가 사상에 따르면 신하는 자신의 직책에 꼭 맞는 업무와 실적을 내야 하며, 만약 월권을 하거나 직분을 벗어난 높은 성과를 올려도 처벌을 피할 수 없다고 주장합니다.

관중과 상앙의
법치를 계승하다

한비자는 선배 법가의 이론을 취합해서 법가 사상을 집대성했습니다. 법가 사상은 법(法), 술(術), 세(勢)라는 세 가지 요소로 구성되었는데, 한비자는 진나라의 정치가 상앙의 법, 한나라의 재상 신불해의 술, 조나라 학자 신도의 세를 비판적으로 종합하고 체계화했습니다.

《한비자》의 〈간겁시신(姦劫弑臣)〉 편에서 한비자는 관중은 제나라를 잘 다스렸고, 상앙은 진나라를 강하게 만들었다고 말합니다. 이로 미루어 한비자는 제나라 환공을 패자로 만든 관중과 진나라를 강대국으로 만든 상앙을 매우 높이 평가했습니다.

사실 법은 상앙 이전에 관중도 강조한 것으로써 관중이야말로 법가의 선구자라고 불릴 만합니다. 관중은 "법으로 나라를 다스려야 한다", "다섯 가지 형벌을 만들어 정하여 각기 그 이름에 합당하게 하고, 죄인으로 하여금 원망하지 않게 하고, 착한 사람들로 하여금 놀라지 않게 하는 것이 법이다", "법이란 온 세상의 모범이고, 의문이 있는 것을 확실하게 하고, 시비를 밝히는 것이다"
라고 말했습니다. 여기서 관중이 말하는 법은 일종의 사회규범으
로서 동시에 형벌의 의미도 내포하고 있습니다.

상앙은 공손앙으로도 불리는데, 진나라 효공 때 재상으로 있으
면서 두 차례의 변법(變法)을 성공시켜서 약소국이던 진나라를
10년 만에 강대국으로 만든 인물입니다. 그는 변법을 통해 정전
제(井田制)를 폐지하고, 도량형을 통일했으며, 밭두렁과 길을 개
간해서 농업 생산력을 증대시킴으로써 국가를 부유하게 만들었
습니다.

또한, 5가구를 '오(伍)'라는 단위로 묶어 서로 고발하고 감시하
게 했으며, 벌은 엄중하게, 상은 후하게 주었습니다. 이러한 개혁
정책은 귀족의 권력을 제한하고 중앙정부의 권한을 강화하는 데
기여했으며, 이는 진나라가 중국을 통일하는 데 중요한 기반이
됩니다.

한비자 역시 상앙과 마찬가지로 백성을 통치하고 질서를 유지
하기 위해서는 강력한 법의 집행이 필요하다고 보았습니다. 그는
법에 대해 다음과 같은 관점을 지녔습니다.

첫째, "법이란 그림이나 서적의 형식으로 기록되어서 관청에
설치되고, 백성에게 포고되어야 한다". 이는 법이 성문법으로써
누구에게나 공개되어서 공식적인 성격을 가져야 한다는 의미입
니다.

둘째, "훌륭한 법은 반드시 구체적인 사태를 상세하게 다루어야 한다". 이는 법의 내용이 구체적이어야 한다는 뜻입니다.

셋째, "법은 일반 백성을 상대로 하기 때문에 뛰어난 지력을 가지고도 이해하기 어렵다면 백성들이 법을 따를 수가 없다". 즉, 법은 누구나 쉽게 이해하고, 실행할 수 있어야 한다는 것입니다.

넷째, "법은 반드시 시의에 맞아야 한다". 한비자는 시대가 변화하는데도 법을 고치지 않으면 국가는 혼란에 빠지고, 사회가 변화했는데도 금령을 고치지 않으면 국가는 반드시 쇠약해진다고 주장했습니다. 다시 말해, 법령은 시대와 사회의 변화를 반영하여 적절히 변화해야 한다는 것입니다.

신불해의 술수를 계승하다

술이란 군주가 관료를 다스리는 은밀한 방법, 즉 술수라고 할 수 있습니다. 한비자는 신불해로부터 관료의 통제술인 술의 영향을 받아 자신의 법가사상을 체계화했습니다. 신불해는 한나라의 재상으로서 15년간 나라를 태평하게 다스렸습니다. 그의 이론에 따르면 군주는 근본이자 몸체이며, 원칙을 다스리는 존재입니다. 반면 신하는 말단이자 손이며, 세부적인 내용을 실행하는 존재입니다.

신불해의 술은 군주가 자신의 마음을 열지 않고 은밀하게 신하를 통제하는 기술을 의미합니다. 신불해는 나라를 잘 다스리는 사람은 마치 어리석은 사람처럼 보이고, 감히 나아가지 않는 것처럼 보이며, 일이 없는 것처럼 자신을 숨기고 자취를 감춘다고 합니다. 그래서 가까운 사람들은 그런 군주에게 친근감을 느끼고, 멀리 있는 사람들은 그의 신하가 되고자 한다는 것입니다.

한비자는 이러한 신불해의 이론을 취해 《한비자》의 〈난삼(難三)〉 편에서 다음과 같이 술을 정의하고 있습니다.

> "술이란 (군주의) 가슴 속에 감추어 두고 있다가, 여러 신하들을 제어하는 것이다. 그러므로 법은 드러나야 하고, 술은 드러내 보여서는 안 된다."

즉, 술이란 군주가 신하의 생사여탈권을 쥐고서 신하를 꼼짝 못하게 통제하는 기술이며, 이는 제왕만이 가지는 통치술로써 그의 마음속에만 있고 공개되어서는 안 됩니다.

한비자는 〈내저설상(內儲說上)〉 편에서 군주가 신하를 통제하는 일곱 가지 방법을 다음과 같이 정리했습니다.

첫째는 여러 신하의 의견을 참조하고 관찰하며, 둘째는 죄가 있는 자는 반드시 벌하여 위엄을 세우고, 셋째는 상을 주고 칭찬하여 신하들이 능력을 다하게 하며, 넷째는 신하의 말을 하나하나다 듣고 실적을 물으며, 다섯째는 그럴듯한 속임수와 계책을 사용하고, 여섯째는 아는 것을 감추고 모르는 척하며 질문하고, 일곱째는 일부러 말을 거꾸로 하여 간사한 사람의 실정을 알아내는 것입니다.

이를 통해 군주는 신하들을 철저히 통제하고 자신의 권력을 안정적으로 유지할 수 있다고 한비자는 주장했습니다.

신도의 세를
계승하다

세는 권세와 위세를 의미하며, 정치적인 세력이나 지배적인 힘을 뜻합니다. 한비자는 왕이 갖추어야 할 중요한 조건으로 세를 강조했으며, 그의 세에 대한 이론은 신도의 이론을 비판적으로 수용하여 체계화한 것입니다.

신도는 제나라 선왕 때 직하학궁에서 학사로 활동하며 법가 사상 가운데서도 특히 군주의 세를 강조한 인물입니다. 신도의 사상은《한비자》의 〈난세(難勢)〉 편에서 다음과 같이 전해집니다.

> "날아다니는 용은 구름을 타고, 뛰는 뱀은 안개 속에서 노닌다. 구름이 걷히고 안개가 개면, 용과 뱀은 지렁이나 개미 같은 존재가 되는데, 이는 그들이 타고 있었던 것을 잃었기 때

문이다. 현명한 사람이면서 못난 사람에게 굽히는 것은 권세가 가볍고 지위가 낮기 때문이요. 못났으면서도 현명한 사람을 굴복시킬 수 있는 것은 권세가 무겁고 지위가 높기 때문이다. (중략) 나는 이로써 권세와 지위는 의지할 만한 것이지만 현명하고 슬기로운 것은 부러워할 만한 것이 못 된다는 점을 알았다."

여기서 용이 구름을 타고, 뛰는 뱀이 안개 속에서 노니는 것은 세력을 가진 군주가 권력을 행사하는 모습을 상징적으로 나타내는 것입니다. 그런데 신도에 따르면 용과 뱀이 세력을 잃게 되면 지렁이나 개미와 같이 된다고 합니다.

이에 대해 한비자는 다음과 같이 비판합니다.

"나는 용과 뱀이 구름과 안개의 세력에 의탁하지 않은 것은 아니라고 생각한다. 그러나 이와 같다면, 재능을 포기하고 권세에 의지하는 것만이 다스림에 족하다는 말인가? 나는 그렇게 볼 수 없다. 구름과 안개의 세력에 노니는 용과 뱀은 능히 그만한 재주가 있기 때문이다. 이제 구름이 성하여도 지렁이는 타지 못하고, 안개가 짙어도 개미는 놀지 못한다. 천자의 세력으로 구름과 안개에 의지하고도 천하의 큰 혼란을 면하지 못한 것은 걸과 주의 재주가 박하였기 때문이다."

이렇듯 신도의 세 관념은 한비자에 의해서 비판적으로 수용되었습니다.

가혹하고 은덕이 없는
통치 철학

한비자는 관중, 상앙, 신불해, 신도 등 선배 법가들의 이론을 수용하고 종합하여 법가 사상을 체계화하고 발전시켰습니다. 그의 이론은 법·술·세라는 구체적인 방법을 통해 군주의 절대적인 통치 권력을 확립하는 데 목적을 두었습니다. 법가가 주장하는 엄격한 법의 집행은 백성들에게 두려움과 억압을 주었으며, 권력자들이 법을 악용하는 부작용도 초래했습니다.

예를 들어, 한나라의 소후가 추위에 떠는 자신에게 옷을 덮어준 관 담당자를 처벌한 일화는 지나치게 엄격하다는 생각이 들 수 있습니다. 관 담당자의 행동은 달리 보면 군주에 대한 신하의 충성심으로 해석될 수도 있기 때문입니다. 이 일화는 절대 권력을 가진 군주가 타인의 선의를 억압하는 사례로도 보이며, 한 치의 관용이나 융통성도 없는 몰인정한 집행으로 여겨질 수 있습니다.

그러나 한비자는 관 담당자가 처벌을 받은 이유를 자신의 직분을 넘어서 다른 사람의 직분을 침해했기 때문이라고 설명합니다. 이러한 행위를 월권이라고 하며, 현대사회에서도 월권은 개인의 권리와 자유를 침해하는 행위로 인식되고 있습니다.

특히 조직 내에서의 월권은 조직의 신뢰를 떨어뜨리고, 징계 사유가 되기도 합니다. 따라서 월권 문제는 오늘날에도 개인의 권리를 침해하고 조직의 신뢰를 무너뜨릴 수 있다는 점에서 결코 가볍게 넘길 일이 아닙니다.

한나라의 소후가 관 담당자를 처벌한 것은 얼핏 보면 군주의 권력을 남용한 것처럼 보이고 다소 인정 없고 각박해 보일 수 있지만, 당시로서는 조직의 질서를 세우고 군주의 권위를 지키기 위한 부득이한 행동이었습니다. 만약 다른 사람의 직분을 침해하면서 군주에게 충성심을 보이는 행위가 허용되기 시작하면, 조정의 질서가 무너지고 급기야 군주의 자리도 위태로워질 수 있다고 보았기 때문입니다.

이처럼 예외를 두지 않는 엄격한 처벌은 군주의 권력을 세우고 기강을 바로잡기 위한 부득이한 처사였다고 할 수 있으나, 법가는 이로 인해 부정적인 평가와 비판을 피하지 못했습니다.

현대사회에서 법은 한비자가 살던 시대처럼 가혹하여 국민을 두려움과 공포에 떨게 하는 도구는 아닙니다. 오늘날 많은 국가가 법치주의를 통치 원리로 삼고 있습니다. 법치주의는 법에 의한 지배를 의미하며, 국가가 국민의 자유와 권리를 제한하거나 의무를 부과할 때에는 반드시 국민의 대표기관인 의회에서 제정한 법률에 따라야 한다는 원칙입니다. 법치주의 하에서는 행정과 사법 또한 법률에 근거를 두어야 하지요. 이는 국민의 의견이 법으로 실현될 수 있도록 보장하는 제도로써, 민주주의의 기초를 이룹니다.

현대사회에서 법은 사회의 질서와 안정을 유지하며, 개인의 권리를 보호하고 분쟁이나 갈등을 해결하는 기준을 제공합니다. 이처럼 법은 개인의 삶과 사회에 긍정적인 영향을 미치는 필수적인 요소입니다. 따라서 현대인은 법을 통해 자신의 권리를 주장하고, 법이 공정하게 적용되는지를 평가해야 하며, 사회의 변화에 맞게 법이 개선될 수 있도록 지속적인 관심을 가져야 합니다.

불변의 지혜

법은 사회의 질서와 개인의 권리를 지키는 도구이나
시대의 변화에 맞게 법을 이해하고 발전시켜야 한다.

모든 재앙은
티끌로부터 시작한다

| 조짐 |

"천하의 어려운 일은 반드시 쉬운 일에서 이루어지고,
천하의 큰일은 반드시 작은 일로부터 이루어진다."

"天下之難事必作於易,
天下之大事必作於細."

《한비자》,〈유로(喩老)〉편

작은 징후를 무시하면 큰 재앙으로 이어질 수 있다는 것은 역
사 속에서 수없이 증명되어 왔습니다. 예를 들어, 오래된 나무의
작은 균열이 결국에는 거대한 나무를 쓰러뜨리는 것처럼, 사소한
문제를 방치하면 큰 위기를 초래하게 됩니다.

또 다른 사례로, 1995년의 삼풍백화점 붕괴 사고를 들 수 있습

니다. 이 사고는 건물이 완공된 이후부터 구조적인 문제와 균열이 발견되었지만, 제대로 보수되지 않고 무시된 결과 발생했습니다. 당시 백화점 상부에서 균열이 점차 심화되고, 붕괴의 징조가 여러 차례 나타났음에도 건물 운영 측은 이를 간과했습니다. 결국 이러한 작은 문제들이 누적되면서 백화점이 붕괴하여 500명 이상의 사망자를 초래한 대참사로 이어졌습니다. 이 사건은 사소한 문제를 무시한 결과가 얼마나 큰 재앙으로 발전할 수 있는지를 극명하게 보여 줍니다.

한비자는 《한비자》의 〈유로〉 편에서 미세한 조짐을 잘 관찰하고 조심하라고 경고하며, 〈망징(亡懲)〉 편에서는 나라의 멸망을 초래하는 마흔일곱 가지 징조를 열거하면서 역대 봉건왕조가 무너지는 원인을 분석했습니다. 그는 작은 문제를 간과하지 않는 것이 재앙을 예방하는 핵심이라고 강조했습니다.

큰일을 막으려면
작을 때 막아야 한다

한비자는 "천하의 어려운 일은 반드시 쉬운 일에서 이루어지고, 천하의 큰일은 반드시 작은 일로부터 이루어진다"라고 말합니다. 그렇기 때문에 사물을 제어하려면 미세할 때 시작해야 한다고 강조합니다.

한비자에 의하면 천 장이나 되는 제방도 땅강아지와 개미구멍 때문에 무너지고, 백 척이나 되는 집도 굴뚝 틈새의 불씨로 인해 잿더미가 됩니다. 그는 위나라 재상 백규가 제방을 순시하다가 작은 구멍을 막은 일과 나이 든 사람들이 화재를 대비해 굴뚝 틈새를 막은 사례를 언급하며 "쉬운 일을 조심하여 재난을 피하고, 작은 것을 살펴서 큰 재앙을 멀리할 수 있었다"라고 말합니다. 채나라의 환후와 편작의 일화를 통해 이 교훈을 강조합니다.

> "왕께서는 피부에 질병이 있습니다. 치료를 하지 않으면 장차 심해질까 두렵습니다."
> "나는 병이 없소."
> 편작이 물러난 뒤 환후가 말하였다.
> "의사는 이득을 좋아해서 질병이 없는데도 치료하고 나서 자신의 공이라 자랑하려고 한다."
> 열흘이 지나서 편작은 다시 환후를 만나 말하였다.
> "왕의 질병은 살 속에 있으니 치료하지 않으면 장차 더욱 심해질 것입니다."
> 환후는 응하지 않았다. 편작은 나갔고, 환후는 또 불쾌해하였다. (중략) 그로부터 닷새 뒤에 환후가 몸에 통증이 있어 사람을 시켜 편작을 찾았지만, 편작은 이미 진나라로 달아난 뒤였다. 환후는 결국 죽었다.

한비자는 이 일화에서 '훌륭한 의사는 질병이 피부에 있을 때 고치려고 하는데, 이는 모두 문제가 작을 때 해결하기 위해서'라고 합니다. 그리고 "무릇 일의 화와 복도 질병이 피부에 있을 때 치료하는 이치와 같아서 성인이 일을 처리할 때는 그 조짐이 보일 때 처리했다"라고 덧붙입니다.

한비자는 또한 상나라의 마지막 왕이자 폭군의 대명사인 주왕의 이야기를 통해 작은 징후가 어떻게 큰 재앙으로 이어질 수 있는지를 보여 줍니다. 주왕의 숙부 기자는 주왕의 폭정을 보고 간언하지만, 받아들여지지 않자 미친 척해서 옥에 갇히게 되고 그 덕분에 목숨을 잃지 않게 됩니다.

그런데 기자는 주왕의 상아 젓가락을 보며 상나라가 망할 조짐을 일찌감치 감지했다고 합니다.

> "옛날 주왕이 상아 젓가락을 만들자 기자가 염려하면서 이렇게 생각하였다. '상아 젓가락은 반드시 흙으로 만든 그릇에 사용할 수 없고, 무소뿔이나 옥으로 만든 그릇에 사용할 것이다. 상아 젓가락에 옥으로 만든 그릇을 쓰게 되면, 반드시 채소로 만든 국을 먹지 않고 쇠고기나 코끼리 고기, 표범 고기만을 먹게 될 것이다. (중략) 그러면 반드시 비단옷에 구중궁궐이나 고대광실에 살려고 할 것이다. 나는 그 최후가 두렵기 때문에 상아 젓가락을 만든 처음을 걱정한다.'"

기자의 예견은 정확했습니다. 주왕은 날이 갈수록 향락에 빠져들었고, 여색을 탐하다 애첩 달기에 빠져 결국 상나라를 망하게 합니다. 주왕의 '주지육림(酒池肉林)'이라는 고사성어는 주왕의 사치를 상징하는데, 술로 가득 채운 연못과 나무에 고기를 매달아 놓은 모습을 뜻합니다. 주왕은 이곳에서 밤낮없이 술과 고기를 먹고 마시며 즐겼다고 전해집니다. 상아 젓가락 하나로 망국의 징조를 읽어낸 기자의 혜안이 실로 놀라울 따름입니다.

나라가 망할
47가지 징조

한비자는 〈망징〉 편에서 나라가 망할 징조를 마흔일곱 가지로 열거하는데, 그중 몇 가지를 살펴보면 다음과 같습니다.

> "나라의 창고는 비어 있는데 대신들의 창고가 가득 차 있거나, 큰 이익을 보고도 취하지 않고, 재앙의 조짐을 듣고도 방비하지 않으며, 공적도 없는 사람이 존귀해지고, 나라를 위해 애쓰고 수고하던 사람이 천한 대우를 받게 된다면 아래 신하들이 원망을 품을 것이며 그렇게 되면 나라는 망할 것이다."

한비자는 나라가 망할 징조가 있다고 해서 반드시 망하는 것은 아니며, 이는 단지 망할 가능성이 있다는 것을 의미한다고 합니다. 그는 나라가 흥하느냐 망하느냐는 '그 나라가 얼마나 잘 다스려지고 있는지', '또는 혼란스러워지고 있는지', '부강함과 쇠약함 중 어느 쪽으로 기울고 있는지' 등에 달려 있다고 합니다.

나무가 부러지는 것은 반드시 좀 벌레를 통해서이며 담장이 무너지는 것도 작은 틈에서 시작되지만, 그 틈을 비집고 들어오는 강한 바람이 불지 않으면 부러지지 않고 큰 비가 내리지 않으면 무너지지 않는다고 설명합니다.

이를 통해 그는 나라가 망하는 것은 내부의 조건인 망할 조짐과 외부의 조건인 비와 바람이 동시에 충족되어야 이루어지는 일이라는 점을 밝히고 있습니다. 따라서 한비자가 미세한 조짐을 파악하고 미리 예방하라고 한 이유는 훗날 강한 태풍이 몰아쳤을 때 쉽게 무너지지 않도록 사전에 미리 대비하라는 의도에서 비롯된 것입니다.

엄청난 규모의 화산 폭발을 다룬 재난영화 〈단테스 피크〉를 보면 화산학자 해리가 몇 차례 화산폭발의 조짐을 발견하고 경고하지만, 마을의 이권을 염려한 시의원들과 상사에 의해 그 경고는 무시당합니다. 결국 마을 사람들은 대피할 시간을 놓치고 큰 재앙을 맞이하게 됩니다. 채나라의 환후 역시 명의 편작이 피부에 병이 들었다고 치료를 권했을 때 이를 무시했다가 결국은 목숨을 잃게 됩니다.

　이들이 모두 작은 조짐을 가볍게 보아 넘기지 않고 주의를 기울였다면 어쩌면 커다란 재앙을 막을 수 있었을지도 모릅니다. 한 비자가 주장한 것처럼 미세한 조짐을 살피고 대비하는 것은 큰 재앙을 막기 위한 중요한 방법입니다. 그런데 왜 사람들은 이러한 조짐을 무시하고 재앙을 만나고 마는 걸까요?

　사람들은 본능적으로 변화에 저항하는 성향이 있어서 무언가 변화의 조짐이 나타날 때 그것을 받아들이기보다는 무시하려는 심리가 생긴다고 합니다. 변화에 저항하려는 경향은 이제는 더 이상 맞지 않는 과거의 방식을 고수하려는 아집으로 나타나기도 합니다. 이런 심리와 태도는 변화의 조짐을 놓치게 만들어 결과적으로 더 큰 손해를 초래하게 됩니다. 반드시 경계해야 할 태도인 것이지요.

　또한 사람들은 자신이 보고 싶은 것만 보고, 듣고 싶은 것만 들으며, 믿고 싶은 것만 믿으려는 경향이 있습니다. 이를 '확증편향'이라고 하는데, 이는 자신의 가치관이나 기존의 신념과 부합하는 정보에만 주목하고 그 외의 정보는 무시하는 사고방식입니다. 이로 인해 믿고 싶지 않은 부정적인 조짐을 무시하거나 과소평가하는 경향이 생기게 됩니다.

　이러한 이유들로 인해 사람들은 중요한 신호를 놓치게 됩니다. 작은 조짐을 놓쳐서 큰 재앙을 만나지 않기 위해서는 믿고 싶은 것만 믿으려는 경향, 부정적인 조짐을 과소평가하는 경향, 틀린 방식을 고집하는 아집 등을 경계해야 합니다.

이를 위해 나와 생각이 다른 사람의 의견을 경청하려는 노력과 매사에 감정적이기보다는 이성적으로 접근하려는 자세가 필요합니다. 이제부터 우리의 일상에서 나타나는 작은 조짐과 신호에 좀 더 주의를 기울여야겠습니다. 한비자가 통찰한 대로 큰일은 반드시 작은 일에서부터 시작되는 것이니까요.

불변의 지혜

작은 징후를 무시하지 않는 것이
큰 재앙을 막는 첫걸음이다.

어떻게
헤아릴 것인가

◈ 🪭 ◈

| 유세의 어려움 |

"안다는 것이 어려운 일이 아니라,
아는 것을 어떻게 처리하느냐가 어려운 일이다."

"則非知之難也, 處知則難也."

《한비자》, 〈세난(說難)〉 편

송나라에 한 부유한 사람이 살았습니다. 그런데 어느 날 비가 너무 많이 내려서 그의 집 담장이 무너졌습니다. 그때 그 부자의 아들은 "아버지, 담장을 수리하지 않으면 반드시 도둑이 들 것입니다"라고 말했습니다. 그런데 무너진 담장을 구경하러 나온 이웃집 노인도 "여보게, 바로 담장을 수리하게. 그렇지 않으면 큰 낭패를 볼 걸세" 하고 아들과 똑같은 말을 했습니다.

아니나 다를까, 그날 밤 이 부자는 많은 재물을 도둑맞았습니다. 그러자 집안사람들은 아들이 매우 똑똑하다고 여기면서도 이웃의 노인을 의심하기 시작했습니다. 노인은 그의 말이 그대로 적중했는데도 의심을 사게 된 것입니다.

이 이야기는 《한비자》의 〈세난〉 편에 나오는 일화입니다. 여기서 세난은 '유세의 어려움'을 말합니다. 이를 두고 한비자는 "안다는 것이 어려운 일이 아니라, 아는 것을 어떻게 처리하느냐가 어려운 일이다"라고 말합니다.

같은 말이라도 가족이 하는 말과 이웃이 하는 말은 다르게 들립니다. 설령 내가 잘 알고 있더라도 들을 대상이 누구인가에 따라 말을 조심스럽게 해야 합니다. 듣는 대상이 나를 경계한다면 나의 말이 진실이어도 의심을 받을 수 있기 때문입니다. 즉, 유세와 설득의 핵심은 얼마나 알고 있느냐가 아니라 알고 있는 지식을 어떻게 잘 운용하느냐에 달린 것입니다.

현대사회에서 유세는 선거를 앞두고 출마자들이 유권자들에게 자신의 공약을 알리고 지지를 호소하는 일입니다. 그런데 제자백가가 활동하던 시기의 유세는 지금의 유세와는 다릅니다.

먼저 유세의 대상은 강력한 권력을 지닌 군주이고, 유세를 하는 사람은 자신의 정치적 이상을 실현하기 위해 관직을 구하는 선비이거나 이미 관직에 올라 군주를 보좌하고 간언하는 신하인 경우가 대부분이었습니다. 그밖에 외교적인 일로 파견되는 사신이 있었습니다.

사마천은 《사기》의 〈노자한비열전(老子韓非列傳)〉에 한비자를 기록하면서 유독 〈세난〉 편을 길게 소개했습니다. 사마천 또한 《한비자》에서 〈세난〉 편을 중요한 편으로 주목한 듯합니다. 그리고 《한비자》에는 〈세난〉 편과 유사한 내용을 담은 〈난언(難言)〉 편이 또 있는데, 편명 난언의 뜻은 "말하는 것을 어려워하라"입니다. 그렇다면 한비자가 이토록 말하기의 어려움을 강조한 이유는 무엇일까요?

그 사람은
무엇을 원하는가

한비자는 법가의 사상을 집대성했습니다. 제자백가 중에 가장 늦게 출현한 법가는 진나라가 전국을 통일하는 데 가장 큰 역할을 한 지배 이념입니다. 법가는 사회질서와 강력한 통치를 유지하기 위해서 법의 중요성을 강조합니다. 그리고 다른 제자백가들보다 현실적이고 실용적이며 구체적인 방법을 제시했습니다. 이러한 이유로 전국시대의 여러 군주들은 법가를 지배 이념으로 받아들이게 됩니다.

한비자가 살던 전국시대 후기는 오랜 전쟁으로 모두가 지칠 대로 지쳐 있었습니다. 그래서 누구라도 어서 통일하기를 갈망했다고 합니다. 심지어 백성들은 무력 통일을 반대하지 않을 만큼 통일에 대한 열망이 강했습니다. 그리고 각 나라는 치열한 경쟁에서 살아남기 위해서 부국강병을 시대적인 목표로 삼았습니다.

당시의 군주는 기존의 사회체제로는 전쟁에서 이길 수 없다는 절박함이 있었기에, 법률과 제도의 개혁을 추진함으로써 기득권이었던 귀족세력을 약화시키고 왕권을 강화하고자 했습니다. 따라서 무엇보다 개혁을 담당할 인재의 영입이 절실했습니다. 시대가 처한 상황이 자연스럽게 유세가의 활발한 활동을 필요로 하게 된 것이지요.

그런데 왕을 설득하는 일은 목숨을 걸어야만 하는 위험한 일입니다. 무소불위의 권력 앞에서 조금이라도 군주의 비위를 거스르는 날에는 목숨을 잃거나 신체의 일부를 잃을 수 있었습니다. 그야말로 유세하는 사람의 인생이 바뀌고, 더 나아가서 한 나라의 운명이 바뀔 수도 있었습니다.

한비자는 유세가 어려운 까닭은 "설득하려는 상대방(군주)의 마음을 잘 헤아려 나의 말을 거기에 들어맞게 하는 데 있다"라고 합니다. 예컨대, 높은 명성을 얻고 싶어 하는 군주에게 큰 이익을 구하라고 유세한다면 속된 사람이라고 천시당하며 배척당할 것이 틀림없습니다. 반대로, 큰 이익을 얻고 싶어 하는 군주에게 높은 명성을 구하라고 설득한다면 생각이 없고 세상 물정에 어두운 자로 여겨져서 받아들여지지 않겠지요.

또한, 속으로는 큰 이익을 바라면서 겉으로는 높은 명예를 따르는 척하는 군주를 예로 드는데, 이런 상대에게 명성이 높아질 것이라고 설득하면 상대는 겉으로는 받아들이는 척하면서도 실제로 그를 멀리하려 할 것입니다. 반면에 큰 이익을 얻도록 설득하면 속으로는 그 의견을 수용하면서도 겉으로는 배척할 것입니다. 따라서 유세를 할 때는 이런 상황을 두루 잘 살펴야만 합니다.

상대를 설득할 때 특별히 힘써야 할 점을 제시하기도 합니다. 유세하는 자는 상대의 심리를 고려하고 잘 살펴서 신임을 얻어야 합니다. 사실 이 내용은 얼핏 아부를 해서라도 군주의 비위를 맞추라는 말로 들립니다.

예를 들면, 상대방이 자랑스러워하는 것은 칭찬하고, 부끄러워하는 부분은 감싸야 합니다. 상대방이 개인적으로 급히 하고자 하는 일이 있을 때는 반드시 그 일이 공적으로 타당성이 있음을 밝혀서 그 일을 실행하도록 권해야 합니다. 상대방이 속으로는 비천하다고 여기면서도 할 수 밖에 없는 일이 있다면, 그 일이 아름답다고 꾸며 주어서 하지 않는다면 애석할 것이라고 말해야 합니다.

늘 타인의
호의를 얻어야 하는 까닭

한비자는 유세를 한마디로 요약하면 상대의 뜻을 거스르지 않는 것이라고 합니다. 심지어 말투도 상대의 감정을 건드리지 않도록 조심해야 합니다. 그런 뒤에야 비로소 유세하는 자의 지혜와 말재주를 마음껏 발휘할 수 있게 된다고 보았습니다. 이런 점때문에 군주의 신임을 얻고 의심받지 않으면서 내가 말하고 싶은 것을 충분히 다 말한다는 것은 정말 어려운 일이고 긴 시간이 필요합니다.

한비자는 오랜 시간이 지나서 유세하는 사람을 향한 군주의 총애가 깊어지면 어떤 심오한 계략도 의심을 받지 않게 되고, 군주와 서로 논쟁을 하여도 처벌을 받지 않게 된다고 합니다. 이런 관계가 유지된다면 비로소 유세가 성공한 것입니다. 그래서 군주가 유세하는 사람을 어떻게 생각하는가가 유세의 관건이 되기도 합니다.

한비자는 위나라 영공과 미자하의 일화를 예로 듭니다. 미자하는 뛰어난 외모로 영공의 총애를 받으면서 위나라의 정치를 제멋대로 휘두른 인물입니다.

어느 날 밤에 누군가가 미자하의 어머니가 병이 든 사실을 미자하에게 몰래 알려 주었습니다. 그 소식을 들은 미자하는 군주의 명령을 사칭하여 수레를 타고 어머니에게 다녀왔습니다. 당시 위나라에서 군주의 수레를 몰래 타는 자는 발이 잘리는 형벌을 받았음에도 불구하고요. 하지만 영공은 그 사실을 알고 나서 "효자로구나. 어머니를 위해서 발이 잘리는 벌도 잊었구나!"라며 칭찬을 했습니다.

다른 날 미자하는 영공과 함께 정원에서 노닐다가 복숭아를 따 먹게 되었는데, 맛이 달자 먹던 것을 영공에게 주었습니다. 영공은 "나를 사랑하는구나. 맛이 좋으니 과인을 잊지 않고 맛보게 하는구나"라고 말합니다.

세월이 흘러 미자하의 미모가 쇠해지고 영공의 사랑도 식게 되었을 때, 또 미자하가 죄를 지었습니다. 그때 영공은 이렇게 말합니다. "이놈은 옛날에 과인의 수레를 몰래 훔쳐 타기도 하고, 또 자기가 먹던 복숭아를 과인에게 먹으라고 내밀기도 했었다!"

미자하의 행동은 변함이 없었습니다. 여기서 한비자는 미자하가 예전에는 칭찬을 받았지만, 나중에는 벌을 받은 이유에 대해 군주의 사랑이 미움으로 바뀌었기 때문이라고 했습니다.

사랑을 받을 때는 내놓는 의견마다 모두 군주의 마음에 들어서 더욱 친밀해집니다. 그러나 군주에게 미움을 받게 되면 아무리 지혜를 짜내어도 군주에게는 옳은 말로 들리지 않아 벌을 받거나 더욱 멀어지기만 합니다. 다시 말해, 조언을 하거나 의견을 펴고자 할 때는 먼저 자신이 상대방의 총애를 받는지 미움을 받는지부터 확인한 뒤에 진행해야 한다는 말입니다.

특히 유세하는 자가 유의해야 할 점은 상대의 약점을 건드려서는 안 된다는 것입니다. 용은 예로부터 왕의 상징이었습니다. 용의 턱 밑에 직경 한 자(약 30센티미터)쯤 되는 거꾸로 난 비늘이 있는데 이것을 역린(逆鱗)이라 합니다. 만약 사람이 역린을 건드리면 유순했던 용이 그 사람을 반드시 죽인다고 합니다.

한비자는 군주에게도 이처럼 역린이 있어서 유세하는 자는 군주의 역린을 절대 건드리지 않아야 성공을 기대할 수 있다고 강조합니다. 한비자의 말처럼 유세는 정말 어려운 일인가 봅니다. 〈난언(難言)〉 편과 〈세난〉 편을 써서 유세의 어려움을 설파한 한비자 자신도 결국 유세의 과정에서 죽게 됩니다.

공존을 위한
단 하나의 방법

설득은 일상에서 늘 이루어지고 있습니다. 정치가의 유세에서 상품을 판매하는 광고에 이르기까지, 현대인은 수시로 설득하고 설득당하며 삽니다. 오늘날 유세나 설득을 잘하기 위한 방법을 찾다 보면 한비자가 유세의 어려움이라고 말한 내용과 많이 다르지 않다는 것을 발견하게 됩니다.

상대방의 니즈를 정확히 파악하는 것은 오늘날에도 여전히 설득의 기본입니다. 영업을 할 때는 고객의 관점에서 욕구를 파악하고, 그에 맞는 제안을 해야 고객의 마음을 움직일 수 있습니다. 직장에서 회의시간에 동료나 상사를 설득하고자 한다면, 우선 그들이 이 일에서 우선순위를 무엇에 두고 있는지 파악해야 합니다.

또 설득을 잘하기 위해서는 미움을 사면 안 됩니다. 어떤 선택을 내릴 때 이성보다 감성에 의해서 움직이는 경우는 많습니다. 내용(상품)은 좋다고 생각하지만, 설득하는 사람의 말투가 거슬리거나 태도가 무례해서 선택을 망설인 경험이 있을 것입니다.

만일 시간 약속에 유난히 엄격한 상사가 있는데 내가 자주 지각을 한다면 나의 제안서가 아무리 훌륭해도 쉽게 채택이 안 될 수도 있습니다. 이런 경우는 평소에 상대방에게 믿음을 주지 못했기 때문입니다. 신뢰를 받는 일은 단기간에 이루기 어렵습니다. 한비자도 유세에 제대로 성공하려면 오랜 시간 군주의 믿음과 총애를 쌓아야 한다고 말했습니다.

한편, 한 번의 설득으로 이루어진 거래에서 상대방에게 손해를 끼쳤다면, 두 번째의 설득은 기대하기 어렵습니다. 마치 과대광고로 구매한 상품을 소비자가 계속 구매하지 않는 이치와 같습니다. 선거에서 유권자들은 국민의 요구를 저버린 후보와 공약을 지키지 못한 후보를 투표로써 심판합니다. 이런 경우는 모두 진실성이 부족해서 한 번의 설득이 다음으로 이어지지 않는 경우입니다.

결국 유세나 설득은 반드시 설득을 하는 사람과 상대방이 모두 이익을 얻어야 합니다. 그래야 상호 신뢰가 생기고 지속성이 담보됩니다. 왜냐하면 설득은 일회성의 기술이 아니라 서로 산의 이익과 신뢰를 끌어 내어 공존하기 위한 소통의 방법이기 때문입니다. 그렇기 때문에 설득의 과정을 긴 흐름으로 볼 수 있어야 합니다.

설득은 상대의 마음을 얻고,
함께 성장하는 길을 모색하는 긴 여정이다.

어떻게 날카로운 창으로
단단한 방패를 뚫을까

❖ ✦ ❖

| 모순 |

"무릇 뚫을 수 없는 방패와
뚫지 못할게 없는 창은
함께 존립할 수가 없다."

"夫不可陷之楯與無不陷之矛, 不可同世而立."

《한비자》, 〈난일(難一)〉편

모순이라는 개념은 단순한 논리적 충돌을 넘어서 우리 삶 속의
역설과 아이러니를 드러내곤 합니다. 예를 들어, 누군가가 "나는
절대 타협하지 않는다"라고 말하면서 동시에 "모든 상황에 유연
하게 대처한다"라고 주장한다면, 우리는 그 사람의 복잡한 내면
을 엿볼 수 있습니다.

이처럼 서로 상반되는 두 주장이 공존할 때 그 속에는 더 깊은 의미가 숨어 있습니다. 고대 한비자는 이러한 모순을 통해 인간의 본성과 정치의 복잡성을 예리하게 분석했습니다. 모순이라는 말이 처음 등장한 고전이 바로《한비자》의 〈난일〉 편입니다.

> 초나라 사람 중에 방패와 창을 파는 사람이 있었는데, 그것을 자랑하며 말했다.
> "내 방패는 견고하여 사물 중에 이것을 뚫을 수 있는 것은 아무것도 없다."
> 또다시 창을 가리키면서 말하였다.
> "내 창은 날카로워 사물 중에 뚫지 못하는 것은 아무것도 없다."
> 그러자 어떤 사람이 말했다.
> "그대의 그 창으로 그대의 그 방패를 뚫으면 어찌 되는가?"
> 그러자 그 사람은 대답할 수가 없었다. 무릇 뚫을 수 없는 방패와 뚫지 못할게 없는 창은 함께 존립할 수가 없다. 지금 요임금과 순임금이 둘 다 기려질 수 없는 것은 창과 방패의 이론과 같다.

한비자는 이 이야기를 통해 요임금과 순임금이 동시에 성왕일 수 없음을 비판하고자 했습니다. 요임금은 임금의 자리를 적장자에게 계승하지 않고 순임금에게 물려 주었는데, 이를 선양(禪讓)이라고 합니다.

공자는 다음과 같은 고사를 통해 순임금을 칭송했습니다.

> "순임금이 밭을 갈아서 1년 만에 밭도랑의 경계를 바르게 하고, 순임금이 물고기를 잡은 지 1년 만에 어부가 모래사장을 두고 다투지 않게 되고, 순임금이 도자기를 굽자 1년 만에 그릇이 단단해졌다."

그러나 한비자는 이 고사에서 모순되는 점을 지적합니다.

> "순임금이 잘못된 것을 구제할 수 있었다는 것은 요임금에게 과실이 있었다는 의미이다."

만약 요임금이 완벽한 통치를 했다면 순임금이 구제할 일이 없었을 것입니다. 따라서 요임금과 순임금을 동시에 성왕으로 칭송하는 것은 모순이라는 논리입니다. 한비자는 요임금이 이상적인 정치를 베풀었다면 순임금이 할 일이 없었을 것이라고 주장하며, 두 임금을 모두 성왕으로 칭송하는 것은 마치 뚫을 수 없는 방패와 뚫리지 않는 창이 동시에 존재하는 것과 같다고 이야기하는 것입니다.

또한, 한비자는 〈난세(難勢)〉 편에서 현인의 길과 권세는 양립할 수 없다고 주장합니다. 현인은 금지하거나 억누르지 못하는 사람인데, 권세란 금지하거나 억누르는 자리입니다. 백성을 금지하거나 억누르지 않는 현인이 금지하거나 억누르는 권세를 가진다는 것은 모순이라는 것입니다. 권세를 부리지 않는 군주는 존재하기 어렵다는 점에서 이 역시 모순이라고 할 수 있습니다.

한비자는 성인이나 현인이 아닌 중급 정도의 인품을 지닌 자가 군주로 적합하다고 보았습니다. 왜냐하면 한비자가 보기에 세상의 통치자란 중급 정도의 인물에서 끊어지지 않고 이어지기 때문입니다. 중급이란 위로는 요임금과 순임금에 미치지 못하지만, 아래로 걸왕이나 주왕과 같은 폭군이 되지 않는 정도의 경지를 말합니다.

중급 정도의 인품을 지닌 군주는 법을 지키고 권세를 가지면 나라를 잘 다스릴 수 있지만, 법을 어기고 권세를 버리면 나라를 어지럽히게 됩니다. 따라서 천 년에 한 번 나오는 요순과 같은 현자를 기다릴 필요는 없다고 한비자는 말합니다.

지금의 마부가 왕량보다 낫다

한비자는 요순과 같은 성왕을 기다리는 일은 월나라 사람 중에

수영을 잘하는 자를 기다려 중원 땅에서 물에 빠진 사람을 구하려는 것과 같다고 비유합니다. 월나라 사람이 아무리 수영을 잘한다 해도 멀리 떨어진 중원에서 물에 빠진 사람을 구할 수는 없다는 논리입니다.

옛날에 왕량이라는 아주 뛰어난 마부가 있었다고 합니다. 왕량은 하루에 천 리를 가는 인물인데, 이 전설 속의 왕량이 오늘날 말을 부릴 수 없는 것은 마치 월나라 사람이 물에 빠진 중원 땅의 사람을 구할 수 없듯 자명합니다.

따라서 옛날의 왕량이 나타나기를 기다리지 말고, 좋은 말과 수레를 50리마다 하나씩 배치하고, 중간 정도의 마부로 하여금 이를 관리하게 한다면 하루 동안 천 리를 갈 수 있을 것이라고 주장합니다. 그렇게 되면 옛날의 왕량과 같은 사람을 기다릴 필요가 없게 됩니다.

이 논리는 요순과 같은 성왕이 나타나기를 기다리는 것보다 중급 정도의 성품을 지닌 군주가 법치를 시행하여 나라를 잘 다스리는 것이 훨씬 더 현실적이라는 논리와 통합니다.

사실 한비자가 창과 방패의 이야기로 모순을 설명한 근본적인 이유는 요순시대를 역사상 가장 태평성대로 여겨 그 정치를 이상적인 정치로 삼는 유가의 학설을 비판하기 위함이었습니다.

한비자는 모순을 통해 기존의 유가 이념을 비판하고, 그 대안으로 법치주의를 주장했습니다. 이러한 접근은 역사의 변화와 발전을 바라보는 한비자의 시각을 반영합니다. 역사는 기존 사회의 모순을 발견하고 이를 해결하는 과정에서 발전해 왔기 때문입니다.

모순을 이해하는 것은
복잡한 인생을 이해하는 길이다

사실 과학의 발전도 기존 이론의 모순을 발견하는 일에서부터 시작되었습니다. 예를 들어, 찰스 다윈의 진화론은 기존의 창조론에 대한 의문에서 출발했고, 창조론의 모순을 해결하려는 과정에서 성립되었습니다. 양자역학도 뉴턴의 고전역학으로 설명할 수 없는 모순들이 발견되면서 이를 해결하기 위한 새로운 역학 체계로 탄생하게 되었습니다.

이와 마찬가지로 오늘날의 민주주의도 사회의 모순과 갈등을 해결하는 과정에서 발전해 왔습니다. 이처럼 기존의 학설이나 사회체계에서 모순을 발견하고 이를 해결하는 과정은 세상의 변화와 발전을 이끄는 중요한 동력입니다. 다시 말해, 모순이야말로 만물이 발전하는 밑거름이라고 할 수 있습니다.

양귀자 작가의 소설 《모순》을 보면 주인공 안진진이 그의 사촌인 주리에게 '세상은 옳거나 나쁜 것만 있는 것이 아니며 옳으면서도 나쁘고, 나쁘면서도 옳은 것이 더 많다'라는 이야기를 하는 장면이 나옵니다. 세상의 일이란 모순으로 짜여 있으며, 그 모순을 이해할 때 비로소 삶의 본질에 가까워질 수 있다는 메시지를 던지는 것이지요.

또한, 작가는 이 책을 아주 천천히 읽어 주면 좋겠다고 말합니다. 독자에게 천천히 읽어 달라고 요구하는 이유는 무엇일까요? 아마도 소설 속 등장인물들이 보여 주는 모순을 통해 우리 자신의 삶에서도 모순을 찾아보라는 메시지가 아닐까요?

자신의 삶에서 모순을 찾아내기란 쉽지 않습니다. 왜냐하면 자신의 문제는 잘 보이지 않기 때문입니다. 만약 수시로 자신을 들여다보고 성찰해서 내 안의 모순을 발견하게 된다면 그 다음에는 어떻게 해야 할까요? 모순을 해결할 수 있으면 해결하고, 해결할 수 없다면 모순을 인정하면 됩니다.

그리고 타인의 모순은 지켜보며 이해하는 것이 더 좋습니다. 섣불리 해결하려고 나서면 모순은 해결되지 않은 채 오히려 관계만 나빠질 수 있기 때문입니다. 엄밀히 말해 타인의 모순은 그 사람이 해결해야 할 몫입니다.

이처럼 내가 지닌 모순과 타인의 모순을 이해하고, 여러 가지 모순들이 서로 충돌하고 화해하며 공존하는 과정을 통해 우리는 인생의 깊이를 더해갈 수 있습니다. 결국 모순을 이해한다는 것은 옳고 그름의 잣대로 쉽게 재단할 수 없는 복잡한 인생을 이해하는 길이 됩니다.

모순을 인식할 때
우리는 삶의 다양한 면모를 넓고 깊게 바라보게 된다.

제자백가,
생각의 힘을 기르는 여정

여러분은 지금까지 일곱 명의 철학자의 이론과 지혜를 만나 보았습니다. 이 과정은 현대인의 일상 속에 제자백가의 철학이 어떻게 적용되고 스며들 수 있는지를 모색하는 시간이었습니다. 무엇보다 영화와 드라마와 소설과 우화 등에 나오는 제자백가의 이론과 주장을 발견해서 접목하는 일이 저에게는 매우 의미 있는 작업이었습니다. 이 작업이 독자들의 동양철학에 대한 문턱을 낮추고, 공부에 대한 재미와 흥미를 유발시켰기를 바랍니다.

묵자의 어록 편인 〈노문〉 편에는 문군과 묵자의 대화가 다음과 같이 실려 있습니다.

문군이 말하였다.

"어떤 이가 굽히라고 명하면 굽히고, 고개를 들라고 명하면 들며, 평소에는 가만히 있다가 부르면 응한다면 충신이라고 말할 수 있겠습니까?"

"굽히라고 명하면 굽히고, 고개를 들라고 명하면 드는 것은 그림자와 흡사하고, 평소에는 가만히 있다가 부르면 응하는 것은 메아리와 흡사합니다. 임금께서는 장차 그림자와 메아리에서 무엇을 얻겠습니까?"

이 대화는 진정한 충신에 대해 깊이 통찰하게 합니다. 문군이 제시한 신하는 단순히 명령에 따르는 수동적인 반응을 보이는 존재입니다. 그런데 묵자는 충신이라면 단순히 명령에 따라 행동하는 사람이 아니라, 그것을 넘어서는 판단력과 주체성을 가져야 한다고 생각했습니다. 흡사 그림자와 같고, 메아리와 같은 존재는 절대 훌륭한 충신이 될 수 없습니다.

철학을 공부하고, 철학을 일상에 구현하는 일도 이와 마찬가지여서 그림자나 메아리가 되어서는 안 됩니다. 철학을 공부하는 이유는 단순히 지식을 쌓기 위함이 아니라, 비판적인 사고를 기르기 위한 것입니다. 우리가 주어진 정보를 그대로 수용하지 않고, 그 의미와 가치를 분석하고 평가하는 안목을 갖기 위해 철학을 배우는 것입니다.

철학은 바로 질문하는 힘입니다. 제자백가의 철학은 춘추전국 시대라는 문제 상황에서 문제의식을 가지고 출발한 것입니다. 따라서 눈앞의 현실을 그대로 수용하기보다는 상황을 비판적으로 분석하고, 나는 어떻게 행동해야 하는지를 스스로에게 질문하게 만드는 것이 철학의 역할입니다.

경주에는 옛 도읍지가 있던 자리에 월성이 있습니다. 월성의 산책로를 걷다 보면 아주 오래된 나무들이 병풍처럼 늘어서 있는 곳에 나무의자가 놓여 있습니다. 그 곳에 앉아서 잔잔하게 흐르는 남천을 바라보면서 시원한 바람을 맞으면, 저절로 《장자》에 나오는 '무하유지향'이 떠오릅니다. 그래서 저는 이곳에 무하유지향이라는 이름을 붙이고 몇몇 지인들에게 이름을 알렸습니다.

여러분도 저마다 자기만의 무하유지향을 만들어 보길 권합니다. 그러면서 장자의 '무용지용'도 떠올려 보면 좋습니다. 이렇게 철학을 일상에서 활용하고 만들어 가기를 바랍니다.

독자 여러분이 이 책을 통해서 동양의 고전에 관심을 가지게 되고, 더 나아가 꾸준히 철학을 공부하는 계기가 된다면 좋겠습니다. 철학을 통해 생각하는 힘을 키우게 되면 주변의 어떤 견해나 시선에도 흔들리거나 휘둘리지 않는 단단해진 자신을 만나게 될 것입니다. 그 여정을 응원합니다.

공자 · 맹자 · 순자 · 묵자 · 노자 · 장자 · 한비자

제자백가, 인생 불변의 지혜

© 옥현주 2024

인쇄일 2024년 9월 13일
발행일 2024년 9월 20일

지은이 옥현주
펴낸이 유경민 노종한
책임편집 이지윤
기획편집 유노책주 김세민 이지윤 **유노북스** 이현정 조혜진 권혜지 정현석 **유노라이프** 권순범 구혜진
기획마케팅 1팀 우현권 이상운 **2팀** 이선영 김승혜 최예은
디자인 남다희 홍진기 허정수
기획관리 차은영
펴낸곳 유노콘텐츠그룹 주식회사
법인등록번호 110111-8138128
주소 서울시 마포구 월드컵로20길 5, 4층
전화 02-323-7763 **팩스** 02-323-7764 **이메일** info@uknowbooks.com

ISBN 979-11-7183-053-4 (03140)